2020.6.20
2020.8.29
MSLive!

料理と利他

土井善晴
中島岳志

ミシマ社

はじめに

土井善晴さんのことを強く意識しはじめたのは、数年前のことです。もちろん土井さんのお顔はテレビでなじみがありましたし、料理番組も何気なく見たことがありましたが、じっくりと土井さんの考えと向き合ったことはありませんでした。私は大阪で生まれ育ったため、同じ大阪弁の土井さんの語りを聞いて「気さくな大阪のおっちゃんやな〜」と思い、漠然とした共感をもってテレビを見ていました。しかし、認識はその程度のもので、深い関心をもっていたわけではありませんでした。

一方で、土井さんのことを、私に熱心に語る人が身近にいました。妻です。彼女は料理についてとくに詳しいわけではなく、熱心なタイプでもないのですが、なぜか土井さんに強く共感している様子で、私に「土井さんの料理番組を見たほうがいい」と薦めました。そして、私と考え方が近いのではないかと言うのです。

最初はなんとなく聞き流していたのですが、何度か言われると気になるもので、ある日、インターネットで土井さんのことを調べてみました。すると「土井さんの言葉に救われた」「土井さんの本を読んで楽になった」という感想をもつ人が大勢いることを知りました。

――なんでだろう？

率直な疑問と関心が湧きました。

確かに土井さんの語りはフランクで、親しみやすい。けど、なんで「救われた」とまで言い、ときに「涙が出た」と言う人がいるのか。最初は合点がいきませんでした。

インターネットでの書き込みを読んでいくと、多くの人が料理をめぐる強迫観念にがんじがらめになり、苦しんでいる様子がわかりました。

仕事で毎日忙しくて、料理をする時間がとれない。なのに、友だちのTwitterやInstagramを見ると、子どものためにつくった「キャラ弁」や豪華な手づくり料理の写真がアップされていたりする。それを見るたびに落ち込んでしまい、自己嫌悪に陥《おちい》る。自分も家族のために、色とりどりの料理をつくりたいと思うけども、時間にも気持ちにも余裕がなくって、全然できない。そうなると、毎日の料理が辛いものになってしまう。こんなことでいいのかなと悩んでしまう。そんな悪循環のなか、料理への苦しみを抱えている人が多いことがわかりました。

そして、そんな人たちに、土井さんの料理論が一種の救済になっていることを知りました。

土井さんは料理番組で言います。

――「いい加減でええんですよ」「まあ、だいたいでええんですよ」。

そして、お味噌汁のような「汁（汁もの）一品」と、漬物などの「菜（惣菜）一品」でいいという「一汁一菜《いちじゆういつさい》」というあり方を提案しています。食卓にいっぱいおかずが並ぶことが「いいこと」と思い込んできた私たちにとって、日本を代表する料理人の土井さんが「一汁一菜でいい」と提唱することは驚きですが、その考え方を知ると、なにか一気に肩の荷が下り、楽になる。そんな経験をしている人が大勢いるのです。

しかし、土井さんの料理論は、サボることの薦めではありません。土井さんは料理から過剰なものをそぎ落とし、シンプルにすることで、素材の本質に肉迫しようとしているのです。そして、その行為を通じて、人間と自然の関係を再構築しようとしているのです。土井料理論の背後には、日本の家庭料理を支えてきたコスモロジーと哲学があります。そこには自然に沿う生き方を探究してきた無名の日本人の生活史があります。

私は、土井さんの考え方に触れ、一気に虜《とりこ》になりました。そして、土井さんのお書きになった本を片っ端から読み、雑誌などに掲載されたインタビュー記事を徹底的に集めました。家庭料理の「職人」として、土井さんが体現してきた技や感覚のなかに、現代を生きる我々が考えなければならない重要な問題があると考えたからです。

二〇二〇年二月、私の勤務先の東京工業大学に「未来の人類研究センター」という組織が立ち上がり、そこで「利他プロジェクト」という研究班がスタートしました。伊藤亜紗さん、若松英輔さん、磯﨑憲一郎さん、國分功一郎さんという現代日本を代表する知性が集結し、私もメンバーとしてプロジェクトのリーダーを務めることになったのですが、私が「利他」という研究テーマを進めるにあたって、真っ先にお会いしたいと思ったのが土井さんでした。「利他」を考える本質が、土井さんの料理論にあるという直観と確信があったからです。

しかし、困難が待ち受けていました。新型コロナウィルスの拡大です。未来の人類研究センターが立ち上がり、「利他プロジェクト」がはじまった途端に、世界はコロナ危機に見舞われました。予定していた研究会はすべて中止になり、私たちはステイホームのなか、オンラインでつながるしかなくなりました。

そんなとき、まったく別のところで、旧知のいとうせいこうさんが、「MUSIC DON'T LOCKDOWN」（ＭＤＬ）という取り組みをはじめました。ライブハウスが軒並み営業できなくなり、経営者もミュージシャンも窮地に陥るなか、そんな状況でも音楽を「ロックダウン」させてはならないとして、オンライン上での「巣ごもりフェス」（ミュージシャンが家などで演奏し、配信でつながる音楽フェス）が開催されることになったのです。私は音楽などまったくできないにもかかわらず、とっさに「なにかやらせてほしい」といとうさんに連絡しました。すると、「毎週オンライン講座をやりませんか」と返信がありました。私は後先考えず、「やります！」と返事をし、「利他的であること」と題したオンライン講座を開始することにしました。

ここで、私にとっては奇跡のようなことが起こります。なんとこのオンライン講座を土井さんが見てくださったのです。そして、私に連絡をくださいました。びっくりしました。すぐにでもお会いしたいと思いましたが、コロナ禍です。そのときは緊急事態宣言の只中でした。

私は土井さんに「ぜひ、オンラインでお話しさせていただけませんか」と返信し、せっかくなので公開でお話しできないかと考えました。

そして実現したのがこの対談です。思いがけないつながりって、あるものですね。

ミシマ社で開催した二回のオンラインイベントには、驚くほど大勢の方が参加くださりました。質問もたくさんいただきました。その記録が本書です。ライブの雰囲気を味わっていただきたいと考え、加筆などは最小限にしました。とてもおもしろい本になったと思います。なにより、土井さんのお話がおもしろい！　今私たちが本当に考えなければならない問題が、料理を通じて、次々に明らかになっていきます。

ではここからは、読者のみなさんと一緒に、新しい世界の扉を開いていくことができればと思います。歴史に背中を押されながら、新しい時代に進んでいきましょう。

中島岳志

目次

第2回　自然に沿う料理

第1回
料理から考える
コロナ時代の生き方

2020.6.20

土井さんを通すと「おもしろくなる」現象

中島　私がすごく強い印象をもって土井先生を認識したのは、NHKの「着信御礼！ケータイ大喜利」なんです。土井先生はお題の声をされていました。あれがすごくおもしろくて。土井先生は視聴者からきた大喜利の答えを読むだけなんですけども、大爆笑が起きる。「『きょうの料理』を観て、土井善晴さんの一言に『はぁ？』。なんと言った？」というお題が出て、視聴者からきた答えを読み上げられるんですけれど、たとえば、「なんでもマヨネーズかけたらだいたいうまいんですよ」と読むと、ドッと笑いが起こる。

土井　そうそうそう（笑）。

中島　これすごくおもしろくて。この現象はいったいなんだろうと。土井さんを通すと笑いが起きるというのは、いったいこの人はどういう存在なんだろうと私は考えたんですね。そんなことを考えながら、私は土井さんの世界観に惹かれていきました。

土井　ほー、そうですか。

ステイホームでわかったこと

中島　はい。まず、今日最初におうかがいしたいのは、コロナの問題というのがあって、そしてステイホームということが言われ、みなさん巣ごもりの生活を送ったと思います。

土井善晴先生

中島岳志先生

そこでやはり私たちが直面したのが、料理という問題だったと思うんですね。家でご飯を食べる、そして料理をするということに、非常に多くの人たちが直面したと思うんです。この今の現状というのは、土井さんはどのように見ていらっしゃいますでしょうか。

土井　私は料理研究家という職業柄でしょうか、コロナの問題が起こる以前から、自然というものをとても意識していました。料理していると環境汚染なんかのニュースを聞いたら、いてもたってもいられなくなるんです。どこの漁港に行っても、昔はよかった、魚がいっぱいいたという話を聞くし、この調子でいつまで魚食べられるやろと思いますから。

そういう意味で、コロナ以前から、なにかに関して非常に不安な感じが自分に常にありまして。それが我々の前にどのようなかたちで現れるのか、気持ち悪く思っていました。だからコロナの問題が起きたときに、自分としてはいろいろな問題があるけれども、これはチャンスかもしれない、とも思いました。

ところがですね、現実問題として、自分の実際の仕事がなくなったり、イベントや講演会なんかの予定がどんどんキャンセルになったりするなかで、「これはえらいこっちゃ、あかんで」となって、実際の生活の問題ということも考えたし、状況や情報に反応して、自分の心がコロコロと変わっていくんが、よくわかりました。それなりに覚悟ができるというか、それまでけっこう時間がかかりました。

中島　それを聞いて安心した人も多いのではないかと思います。土井先生でも、ステイホーム中、心がコロコロ変わったということを知って。

さきほど土井先生がおっしゃった、自然とか環境という問題は、コロナに関して最大の問題だと私は思っているんですけれども、こんな本があります。パオロ・ジョルダーノ『コロナの時代の僕ら』(早川書房)。イタリアの作家が、コロナで大変になっているなかで綴《つづ》ったエッセイです。彼はエッセイのなかで、「ウィルスたちが引っ越しをしはじめている」と言っているんです。

環境に対する人間の攻撃的な態度のせいで、今度のような新しい病原体と接触する可能性は高まる一方となっている。病原体にしてみれば、ほんの少し前まで本来の生息地でのんびりやっていただけなのだが。

森林破壊は、元々人間なんていなかった環境に僕らを近づけた。とどまることを知らない都市化も同じだ。

多くの動物がどんどん絶滅していくため、その腸に生息していた細菌は別のどこかへの引っ越しを余儀なくされている。（六四－五頁）

つまりコロナの問題というのは、私たちがどんどんどんどんと自然破壊をすることによって、本来は森の深くで生きていたウィルスと人間が接触する機会をつくり、そしてその生息地を奪ったがゆえに、ウィルスが人間を生息地に変えてきている問題であると。これはコロナの問題だけではなくて、いろいろなウィルスの問題などが起きますよ、という警告だと言えます。私たちはコロナを経て本格的に環境や自然という問題と直面して考えないといけない。壮大なプロジェクトも重要ですが、それよりも私たちの日常と自然ということを考えたときに、台所という場所の重要性ですよね、自然との交わりとしての料理。それがこれから大きな問題になるんじゃないかと思っているんです。

土井 まったくそのとおりだと思ったんですね。私もいろいろな科学者たちのコメントを聞くにつれ、まさに、人間の搾取《さくしゅ》というか、人間が変形させてしまった地球の姿というのが、新型コロナウィルスというひとつのかたちで現れたと思えた。そもそも私は大雨や土砂災害など、「今年の夏は大丈夫か」と自然災害をとても心配してきました。

でもその逆に、コロナによって行動制限、ステイホームということになって、家族というものを見直す機会になった人もあると思います。東京に来て子どもたちが道路で遊んでいるのを見たのは初めてですし、家族の過ごし方を聞いて、このままずっと休みでも子どもたちは喜ぶかもしれない、「家族といることはこんなに楽しい」と感じているな、と思ったんですね。散歩をしている様子を見ても、絶妙な家族の距離感というものがあって。ソーシャルディスタンスと言われているものも、家族のあいだでは微妙にそれが自然にはたらいて、気持ちや関係が感じられて、「いいなあ」と思ったんですね。

「ゆっくり」もええもの

土井　それと、私の場合は「ゆっくり」いうのはなかったんです。調理は時間に間に合わなあかんから、気ぃの長い料理人いうのはないんです。料理をするとき、いつも時計を意識して仕事しますから。ゆっくりという価値観はありません。ゆっくりを、悪いことと考えてきました。なんでも時間というものが中心になって、たとえば二キロの鱚《きす》を水洗いするなら、昨日の自分の経験では一箱四十分かかる、というふうに計算する。昨日の自分と勝負して、いかに速くするかということを目標にするんです。精度に加えて時間というものを常に意識しながら仕事をしていました。

でもたくさん時間があると、ゆっくり歩くこと、ゆっくり食べること、ゆっくり書くこと、「ゆっくり」という時間に非常に豊かなものがあるということにあらためて気づきました。そんなん初めてかもしれない。

中島　僕も、こんなに近所を散歩して草花を見るということはなかったですね。本当にせっかちにというか、急ぎながら通り過ぎてきたそこに小さな花が咲いているということに目がとまるようになった。それがぐっと心にくるような瞬間に出会う。芭蕉の句だったと思いますけども、「よく見れば薺《なずな》花咲く垣根かな」という句があって、それは単に垣根に薺が咲いているというだけではなくて、そこに小さな宇宙が見えるという句だと思うんですけども。そういう世界を発見するよい機会になったなと思いました。よく見る余裕を失っていたんですね。

土井　本当にいい季節で、住宅街を散歩するのは森を散歩するよりは楽しくないのかもしれないけれど、空が青いことや夕焼けが本当にきれいだったり、街のなかの植物同士が関係性というようなものをもって、建築物が建って人の手がかかったところにも植物のつるが絡《から》みついていたり、どこを見ても美しいというふうに、私は幸せでいっぱいな気分で散歩していました。

環境問題も「まな板」から

中島　私は、そこの部分と土井さんの料理に対するスタンスが非常に重なっていると思います。私は土井先生の『一汁一菜でよいという提案』（グラフィック社）という本を拝読して非常に感銘を受けました。

私は今、東京工業大学に勤めているのですが、そこで「未来の人類研究センター」を立ち上げて、メンバーと共に「利他」について考えているんですけども、その「利他」のテーマを考えるときにもっとも重要な本として、この本をいつも手元に置いてきました。土井さんはたとえばこんなことをおっしゃっています。

地球環境のような世界の大問題をいくら心配したところで、それを解決する能力は一人の人間にはありません。一人では何もできないと諦めて、目先の楽しみに気を紛らわすことで、誤魔化してしまいます。一人の人間とはそういう生き物なのでしょう。しかし、大きな問題に対して、私たちができることは何かと言うと「良き食事をする」ことです。（四七頁）

どんな食材を使おうかと考えることは、すでに台所の外に飛び出して、社会や大自然を思っていることにつながります。（四五頁）

つくる人と食べる人との関係性
そこに利他というものがはたらく

台所の安心は、心の底にある揺るぎない平和です。（四二頁）

環境問題となると、CO_2を減らして……など本当に大変な問題なのですが、しかし、まな板を前にしてやれることがあるということですね。そこからというのは、僕はとってもおもしろいなと思いました。

土井　料理をするということは自然に触れる、ということなんですよね。夏だったらきゅうりであるとかトマトであるとか、さっきまで畑にあったものとか、そうでなくても散歩したら今の季節はヨモギが生えている。そういう地面にあるものに人間がじかに触れる。「手」の仕事ですよね。その「手」で自然に触れて、今度食べる人のことを思って、つくるわけでしょ。そのあいだに、まさに、中島先生が利他というものを料理に当てはめてくださったというのがある。つくる人と食べる人との関係性ですよね。そこに利他というものがはたらくんだということですね。

今の世の中は、つくる人のことは置いておいて、お金を出して食べる人のことばかりをご意見番のようにもちあげる風潮がある。食事といったら「つくって、食べる」ものなのに、ただ食べるだけ、定期的に栄養摂取することだけが食べることと考えられてきた。そうしたことが、ちょっと今の時代をゆがめてきたと思うんですね。

「つくる」は「自然・地球」と「食べる」のあいだにある

中島　つくる人に焦点を当てるというのは、僕はとてもおもしろいと思っています。かつ、土井さんにファンがたくさんいてそして、多くの方が土井さんのお料理に対するスタンスを見て心が晴れやかになるというのは、つくり手の側も多様であるということを見ていらっしゃるからだと思うんですね。

土井さんの著書に『土井善晴の素材のレシピ』（テレビ朝日）という一冊があります。おもしろいことは、つくり手のその日のモードによって料理は変わっていいんだということなんですね。この本は「余裕ないモード」「少しなら余裕あるモード」「リラックスモード」「スペシャルモード」の四段階に分けていらっしゃいます。本当に自分が時間も気持ちも余裕がないというときは、一汁一菜でいいんですよと。少しなら余裕があるというときは、今冷蔵庫にあるものを眺めてみようと。素材を見つけたら、そこからその日のモードにふさわしい料理にたどり着けるようなレシピになっている本なんですよね。そして、リラックスモードのときには、つくる楽しみと食べる楽しみを味わいましょうと。スペシャルモードは、みんなでハレの日の料理をつくりましょうと。つくり手の心の状態と料理というものとは深い関係がありますよね。

料理は地球とつながっている

たべる—つくる—地球

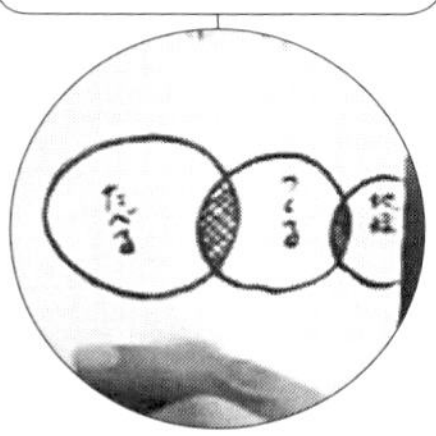

土井　つくるということは、「自然・地球」というものと「食べる」というもののあいだにあるものですよね。だから自分の時間と関わるんです。常に時間というものと関わりますので、時間のないときに、いつものように、たとえば一汁三菜といわれるようなものってできっこない。なのに、それ（一汁三菜）を基本とか理想だと思うと、現代社会では、大変なプレッシャーになります。不可能なことをやれと言われるところにストレスが湧いたり、あるいはそれが当たり前になってしまうと、女性にしても、お料理ができるということが

いい女性とか、いい奥さまというふうに言われるとしたら、自縄自縛《じじょうじばく》です。自分で自分のハードルを上げて、これをやらなければだめだという社会にしてしまっている。自分のつくりあげたものに潰されてしまうような、プレッシャーを感じている時代が長くつづいた。一汁一菜ということは、誰でもできるんだということです。女性にかぎらず男も子どもたちでも。ほんとにね、誰でもできる。そして地球とのつながりでいちばんいいことは、食品ロスがなくなることにもつながること。そういう意味では、人間の、日本人にとってのいい武器になると思うんですね。

「家庭料理は民藝だ！」

中島　今、料理は誰でもできるということについてお話しくださいましたが、もうひとつ、土井さんの話を読んでなるほどなぁと思ったのは、土井さんのうしろにも壺がありますが「民藝《みんげい》」というものです。僕がおもしろいなと思ったのは、土井さんが海外で修業をして日本に戻ってこられて、プロの料理人というものを目指していらっしゃったときに、お父さまに「家庭料理の料理学校を継ぎなさい」と言われ、最初は率直に嫌だった。「修業してきてキレキレの料理人を目指しているのに、なんで家庭料理やねん」と。そういうときに京都を歩いていて、河井寛次郎《かわいかんじろう》という、日本の民藝にとって非常に重要な人物の記念館に行ったときに、非常に大きな感銘を受けたそうです。このことを少し教えていただけますか。

土井　いわゆるプロの料理や懐石料理という世界は、はっきり言って、いかにお金をもらうかということも考えるわけですよね。それもありますけれども、やはり「洗練」というね、たとえば材料は鯛しか使わないとかね、そういうものが懐石料理のプロの世界としてあるなかで、私たちの生活というのは日常のなかにある。日常のなかにはそんなに美しいものはないんだ、とプロの人間は意外と思っているわけです。家庭料理はそんなにおいしくないとか。それこそ技術のいらない世界というふうに思われている。だから、懐石料理の日本一というようなものを目指していた自分が、「家庭料理？　なんでやのん」と。まあ、家庭料理をなめていたんですね。そういうことも踏まえてえらい悩んでいた。

そんなときに、京都の河井寛次郎記念館に行ったら、河井寛次郎のつくり出した非常に心地よい、美しい空間があるわけですね。これってなんなのと。美しいものは追いかけても逃げていく。でも、淡々と真面目に仕事すること、自分が生活をするということで、美しいものはあとからついてくるじゃないかということを、河井寛次郎や濱田庄司《はまだしょうじ》は、発見するわけです。まさにそのことを実践した人たちなんですね。

そうすると、家庭料理もそれと同じだなと思ったのです。毎日食材という自然と向き合い、じかに触れながら、家族を思って料理する。そういった日々の暮らしを真面目に営み、結果として美しいもの（暮らし）がおのずから生まれてくる。そのとき、プロの料理人を目指していた私が下にみていた家庭料理のなかに、本当に美しい世界があるということに、気づいたのです。河井寛次郎の記念館で、「家庭料理は民藝だ！」とは叫ばなかったんですけど（笑）、自分では発見したんですよね。

作為が残っていたら、気持ち悪くて食べられない

中島　河井寛次郎も濱田庄司も、実は東京工業大学（当時は東京高等工業学校）の出身者なんですよね。日本の工業と民藝が同じスタートラインではじまっているのはとてもおもしろいことですね。濱田庄司にしろ、河井寛次郎にしろ、あるいはそれを言語化した柳《やなぎ》宗悦《むねよし》にしろ、非常に重要だったのは浄土教・仏教の世界だったんですよね。柳宗悦は、『南無阿弥陀仏』という本も書いています。いわゆる浄土教、日本でいうと浄土宗とか浄土真宗とか、柳宗悦の場合は一遍《いっぺん》の時宗《じしゅう》に強く惹かれているのですが、ここには、自力と他力という考え方があります。

彼らがなぜ民藝というものに価値を見出したのかというと、芸術家というものは美し

盛り付けが終わったら、
人間が残ったらいけない

無名性のなかに
他力が現れる

いものをつくろうという強い自力やはからいをもってなにかを制作していると。しかし、使われることを前提として大量につくられているものというのは、なにか美しいものをつくろうというはからいというよりは、庶民が淡々と仕事をしてつくり出すものであると。とするならば、あとから美がやってくると先生がおっしゃられたように、なにか美しいものを自分の名前でつくろうといった作者性よりも、自分の無名性というんですかね、そういうなかで淡々と仕事をしてできたもののなかに、阿弥陀の本願という阿弥陀仏の力がやってきて、他力というものが現れる。だから民藝というもののなかに本当の美しさが現れるんだというのが、彼らの共通した観念だったと思うんですね。土井先生も対談で、家庭料理と民藝は通じているとおっしゃっています。

そこは「民藝」と通じている気がしますね。おいしさや美しさを求めても逃げていくから、正直に、やるべきことをしっかり守って、淡々と仕事をする。すると結果的に、美しいものができあがる。

（「ほぼ日刊イトイ新聞」二〇一七新春対談）

土井 そうなんです。実は日本料理というものも、たとえばここにお料理をぽんと置きますでしょ。お料理を置いたら、盛り付けが終わったら、そこに人間が残ったらいけないんです。人間は、消えてなくならないといけない。はからいを作為と考えると、作為というつくり手の自我が残っていたら、気持ち悪くて食べられないと思いませんか？

中島 なるほど。

土井 その人（の作為）を食べることになってしまう。だから民藝というのは、「銘」が書いてない。器ではあるけれど、作品ではなく、道具。銘を残さない。たとえば、民藝の象徴的な皿。この銘の書かれていない皿の上にこそ、美しいものが残る。家庭の暮らしのなかでは、道具と料理の関係に美が生まれるわけです。

磁器も土器も使うところに、日本人らしさがある

中島 これは先生にとって大きな転換ですよね。日本一の料理人というような、「私の名前で料理をつくろう」という世界から、家庭料理という、無名性のなかに溶け込んでいく

ような世界にいかれたというのは、料理人として大きな転換だったのではないでしょうか。

右が磁器、左が陶器

土井　そうですよね。それはものすごく大きな問題ですよね。たとえば、吉兆の湯木貞一《ゆきていいち》さんの料理、あるいは辻留《つじとめ》の辻嘉一《つじかいち》さんの料理、もう料理を見たらね、ああ、あの人の料理だとわかるんですよ。そういう人は特別な人です。天才ですね。西洋料理でも、ジョエル・ロブッションという人の料理は、ソースで点々を描いて首飾りみたいに飾る。それを見たら彼の料理だってわかる。そういう、料理に顔があるというところが、プロのオリジナリティーというものの重要性ですよね。それは本来、欧州の発想なんですが、そういうものが情報として日本人に刷り込まれ、普通の人も時に、料理はクリエイションだと思うのはそのせいです。家庭料理にはそうした作為のあるクリエイションは必要ないし、そんなこと考えもしないです。この違いですよね。

　まさに私は民藝と出会うことによって、それに気づきました。民藝のものは、作品ではなくて、一生懸命はたらく道具。（民藝の）

道具は、それを使う人が、調理道具のバットやボウルのように使うこともできるし、できあがった料理を盛ることもできる。しかも量を限定しない。どのようにでも使える万能性があります。

「道具は要望に無心で応えようとしている」と考えるのは、我々が道具を擬人化して見てきたからです。このあたりがとても日本的だと思います。器なんかもきっと日本人は、生き物のように捉えているんだと思うんです。縄文人は人間がつくった土器も八百万《やおよろず》の神様やつくも神だと信じていました。まさに人間と自然のあいだに、なにか情緒性が生まれてくるのを感じているんですね。

私、日本がいちばんだなんて言うつもりはなにもないけれども、西洋や中国をはじめとして世界中が、磁器という近代の便利な清潔感のある道具を使っているなかで、日本では、土の陶器や漆器、ガラス器も一緒に使っているわけでしょ。道具の多様性は自然です。このへんが日本人らしさ、自然との距離感、そういうものを物語っていると思うんですね。

中島 そうですね。九谷《くたに》焼とか、いろいろな焼物を見ると、そこに動植物が描かれていますよね。皿に動植物を描き、そしてそこに盛り付けをするということ自体が、なにかミクロコスモスというか、小さな宇宙というものを表現するような、しかしそこに作者性というものがない、そこが日本料理のすごくおもしろいところだなと。

土井　私もそういう意味ではそこから深く考えはじめたわけですよ。料理というのは、プロの料理とか家庭料理というふうな区別は実はいらなくて、自然と手を使って料理をするという行為だけでいいわけですよね。

そうするとね、いわゆる民藝の道具というのは、このお皿にたくさん入れてもいいし、少しだけ盛ってもいいんですよ。どちらも。オールマイティー。汎用性がすごく高くて。道具ですから非常にこれははたらいているんですよ。たとえば水洗いした茹でる前の野菜をここに入れておいてもいいし、できあがったお料理をのせてもいいんですよ。それだけなんにでも役に立つ。

それに対して、ハレの器はなんにでも役に立つ道具ではないんですよ。これは同じ道具だけれども限定されるんですね。なぜかというと、この裏を見ると、高台《こうだい》というのがこんなに小さいわけですよ。高台がなぜあるかというと、おもてのためにある。これも利他なんですけれども、おもてのために敢然と役に立っているわけですよ。そしたらこの器っていうのは、端にたくさん盛ると不安定になって、さらに端に置いたら、転んでしまいますよね。そうするとこの器は、真ん中にご馳走を少しだけ盛る器ということになるわけですね。こちらの民藝の石皿のほうは高台がこんなに大きい。いわゆる道具としての汎用性がものすごく高い。万能なんですよね。
生活にある民藝的な道具に対して、高台の小さな器はちょっと「ハレの道具」ということになる。だからいわゆる懐石料理などプロが使う器は、季節感があったり、こういうものをこれだけ盛ってくださいねと、器のほうがすでに言っているわけですね。だけども、「これ好きで買ったけどあんまり使わないなぁ」みたいなことが起こるのも、そこにあるんです。

中島 なるほど〜。土井さんの料理論のとても重要なポイントは、日本の家庭で料理をしている人たちがなんでこんなに苦しいのかというと、「ハレの料理」を毎日つくろうとしすぎているからだと。それに対して一汁一菜という提案があると思うんですけれども、器とともに、僕たちはやはり過剰にものを消費しすぎているんでしょうかね。

土井 そうです。毎日の生活はケハレなんですね。誤解のないようにここでケハレの意味を少し説明しておきます。日本人の世界観であるケハレとは、ハレの日（まつりごと）・ケの日（弔いごと）・ケハレの日（日常）の三つに分けられます。いい神も悪い神も八百万の神がいてる、という考えです。ですから、ケハレの日常生活にも、ハレ的な小さな楽しみがあるものです。
そもそもハレの料理（おせち料理や寿司、赤飯など）は、神様のために人間が拵《こしら》えた

民藝の石皿は
高台が大きい

そのため、料理をどのように
盛っても安定している

一方、ハレの器は
高台が小さい

だから料理を端に盛ると
不安定になる

器の真ん中に少量を盛る
用途に限定される

ものを、神様と一緒に食べる（神人共食）という慣習です。それは、澄んだお吸い物やお肉のヒレやロースのいいところだけ、魚の白身のおいしいところだけを用いる料理です。となると、使わない部位は、ハレの日には相応しくないものとして廃棄しないままでも除かれます。それを「澄（清）ませる」と言うわけです。これに対して、日常では一《いち》物全体《ぶつぜんたい》と言われるように、捨てるところがなにもない、無駄をせずすべて食べるという考え方です。

現代ではハレをまつりごとではなく、ご馳走を食べる日（贅沢をする日）として、みんな大好きな握り寿司やステーキのようなわかりやすいおいしさのもの、きれいに整えられたものを食べるようになり、それではカロリー過多になっても仕方ない。メタボの原因をつくり、また食品ロスの問題にもつながって、地球にとっても不健康です。

誰がつくってもおいしいという世界

中島　そのハレを日常の食卓に持ち込みすぎているのではないか。もう一度日常のなか、さきほどの民藝のようなものの価値のなかに、重要な料理のあり方というのを見直そうということだと思うのですが、そこにもうひとつ、「はからい」という問題とこの問題が関わっていると僕は思うんですね。

浄土系の仏教のなかでも、親鸞《しんらん》なんかはとくに、人間の賢《さか》しらなはからいというものが、自力で美しいものをつくろうとか、有名になりたいとかですね、そういうものが自分を苦しめているんだと。それよりも、自分自身の無力というところに立ったときに、阿弥陀仏の本願という大きな他力がやってくるんだというのが、民藝の議論、あるいは日本の家庭料理のなかにもある観念なのだと思うのですけれども。土井先生はコロナのことがあったあとに朝日新聞のインタビューで、こんなことをおっしゃってるんですね。レシピに頼らずにお料理を、とおっしゃっていて、そのあとこうつづきます。

まずは、人が手を加える以前の料理を、たくさん経験するべきですね。それが一汁一菜です。ご飯とみそ汁とつけもんが基本です。そこにあるおいしさは、人間業ではないのです。人の力ではおいしくすることのできない世界です。みそなどの発酵食品は微生物がおいしさをつくっています。ですから、みそ汁は濃くても、薄くても、熱くても、冷たくても全部おいしい。人間にはまずくすることさえできません。そういった毎日の要になる食生活が、感性を豊かにしてくれると、私は考えています。(二〇二〇年四月七日朝日新聞デジタル)

人間業ではないのが料理である、というふうにおっしゃっていることは、とても重要なことであると僕は思ったのですが。

土井　基本的にね、おいしいものをつくろうということは、和食では考えないんですよ。もったいないという言い方があるけれども、おいしいものはもともとおいしいから、おいしいものをおいしく食べなさい、それでないともったいない。そのためにきれいに洗うとかね、アクを抜くとか、きちんとした下ごしらえというものをものすごく重要視するんですね。だから、我々は山の上でも安心してお刺身が食べられる。それは日本人の清潔感。手を洗うとか。

下のものと上のもの、外と内とを、常にけじめをつけるということなんです。そうしたひとつひとつのけじめをつけるということは、なにもおいしくしようという行為ではなくて、まさに一木《いちぼく》の中から仏さんを彫り出すように、いわゆる彫刻的なんですよね。彫刻的というか、きれいなものを彫り出す。ですから毒のあるところをとってしまったら、あとはそのまま食べればいい。きれいにして食べる、洗って食べるでしょう。お猿でも洗って食べるわけですよ。そこの、きれいにするという行為がね、ものをおいしく食べるというか、そのまま受け取るんですよ。相手は自然ですから、おいしくないときもあるんです。それは自分の責任でもなんでもなく、あぁそういうものだと、そのまま自然というもののなかに、もうおいしさがある。
そこを整えていくことによって料理ができてくる

受け取ったらいいというのが、実は一汁一菜の心というか、誰がつくってもおいしいという世界がそこにあるんですよ。

中島　仏師が仏を彫り出すこと。一流の仏師ほど、自分が仏様を彫っている感覚がないと言うんですよね。木を前にしたときにもう木のなかに仏がいると。そのなかにいる仏を、ただ彫り出しているだけだと。そうやっているうちに仏が現れてくるという感覚を仏師の方が語ったりされるわけですけれども、おそらく土井さんの料理というのもそういうものかなと。自然というもののなかに、もうおいしさがある。そこをずっと整えていくことによってなにか料理ができてくる。

土井　マイナス的彫刻っていう感じかな、日本のそれは。でも、外国、西洋料理は、プラスして、それこそ粘土を積み上げてつくりあげる、プラス的彫刻。和食というのは、まさにマイナス的料理なんですね。

中島　足し算の西洋料理と引き算の日本料理と言うんでしょうかね。ほかのところでも「力ずくの料理」という言い方を土井さんはされていて、そういうことよりも、自然のものをどのように生かすのか、そこに人間が果たすちょっとした作用というものが料理なんだと。この世界観と「利他」というものは非常に直結していると私は思います。休憩を挟んで、その話から後半をはじめさせていただければと思います。

休憩

いい人間になろうというはからい

中島　さきほどは民藝の話から、はからいとか、日本のある種の浄土教的な発想と、日本の家庭料理、土井さんの料理に対するスタンスが非常につながっているのではないかということをお話ししたのですが、浄土教というものから見たときに、利他と料理とはどのような関係にあるかということを考えていきたいと思います。

親鸞が語った言葉を弟子の唯円《ゆいえん》がまとめた『歎異抄《たんにしょう》』という本があります。親鸞はこのなかで、慈悲にはふたつあるという言い方をしています。「聖道の慈悲」と「浄土の慈悲」というのがあるんだ、と。「聖道の慈悲」とはなにかというと、人間であるので、困った人がいれば助けたいとか、いいことをしようとか、そういうある種のはからいのなかに現れてくる慈悲というものである。そして、慈悲というのは、利他と言い換えてもいいかもしれませんが、もう一重《いちじゅう》あると。それはなにかというと、「浄土の慈悲」というのがあって、これは阿弥陀様からやってくる力によってなされる慈悲だ、という言い方をしているんですね。

『歎異抄』のふたつの慈悲

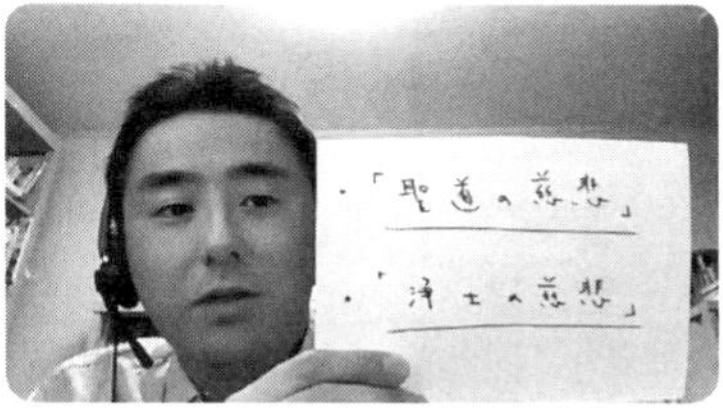

土井　はい。

中島　「聖道の慈悲」も尊いものなのですが、しかしそのなかにはほのかに自力という問題が残っている。それに対して「浄土の慈悲」というのは彼方からやってくる他力に押されてなにかをおこなうことなので、まさに他力の慈悲なんですね。僕たちはどうしても、利他というときには、いいことをしようとか、いい人間になろうみたいな、そういう問題意識が非常に強くはたらくんですけれども、親鸞、あるいは浄土教的な発想からすると、それこそが実は、苦しみのもと、自分自身がいい人間になろうというはからいとか、作為性という問題に、なにか人間がとらわれているというふうにみえるんだと思うんですね。

土井　利他は対象（者・物）と自分のあいだにはたらきます。私の考える料理の利他は、つくる人と食べる人のあいだに生まれるものと思います。たとえば、料理する人が食べる人の健康を思って料理する。対して、食べる人の姿を見て、料理する人は食べる人から戻される利他を受け取る。その日によって、料理する人と食べる人の利他のバランスは変わります。料理を人間の創造だと考える場合には、それを表現者と観客の関係として考えていると思います。

中島　この問題についておもしろいことを言っているなと思ったのが、志賀直哉《しがなおや》の『小僧の神様』という有名な小説です。この小説が書かれたのは一九二〇年なので、ちょうどスペイン風邪が日本で流行っていたときに、彼も利他の問題を考えていたのだと思います。

志賀直哉がどういうことを書いているか、あらすじを紹介します。

　主人公がある小僧さんを見かけた。大正時代ですから、この時代は屋台でお寿司とかをつくっているんですね。小僧さんはお寿司がどうしても食べたくて、この屋台にぱっと入った。ひとつの寿司を手にしようとしたときに、屋台の主人から値段を言われるんですね。すると、ポケットに入っているお金ではその寿司は食べられないというので、手にした寿司を戻して屋台から出てくる。寿司を食べたいのだけれどもひとつも食べることができずに店を出てきた小僧さんを目撃して、若い金持ちのインテリが、この小僧さんにたらふく寿司を食べさせてやりたいと思った。ある日、秤屋《はかりや》に行ったら偶然、その小僧さんがいたので、小僧さんを呼び出して、そして寿司屋さんに連れて行って、好きなだけ食べろと言って彼はいなくなるんですね。なので、小僧さんは、あれは神様だったのではないかというふうに思いはじめる、という話です。

　ここで重要なのは、この奢《おご》ったほうの男なんですね。苦しみはじめるんです。なにかこの小僧さんに、寿司をたらふく食べてねというふうに、善いことをやったはずなのに、自分のなかにある偽善性に苦しみはじめて、そのことを妻に打ち明けるんですね。なにか釈然としない、なにか淋しい気持ちが湧いてくると妻に言うと、妻もそれはわかる気がした、という小説なんですけど。

土井　そのお話を聞いて、聖道の慈悲と、浄土の慈悲の違いがよくわかりました。寿司を奢る人の気持ちと同じようなことを私も感じたことがあります。聖道の慈悲は、立場の強いものの弱いものに対する施《ほどこ》しのようなことでしょうか。三十年ほど前に上海へ行ったとき、屋台で骨董を売っていた。質はともかく、一万円で青磁や銀化した漢の犬が買えた。それは彼らの二カ月分の給料で、彼らはその一万円を見て、自分に相当の物を買ってもらおうと、いろいろ店に集まってきて、口喧嘩をやりだす。そのとき、お金をもっている者が偉いのかって。自分は何者なのだと思って、怖くなって、なにも買わず、その場から逃げ出したことがあります。

人間♡物♡自然♡人間♡人間

中島　自力とかはからいのなかには、真の利他みたいなものを邪魔してしまう、いいことをやろうみたいなものこそ、実は利他から遠ざかってしまうというですね、そういう問題があるんじゃないか。確かにそうでですね、なんと言うのかな……僕は人にありがとうと言われて満足するものが本当の利他ではないのかもしれないと思っているんです。
　土井さんは常に、家族に料理を与えるというもののなかに利他を見出していらっしゃると思うのですが、僕も自分の家族や子どもにですね、料理をして、毎晩ありがとうと料理するという行為そのものが愛情。
料理する＝すでに愛している、料理を食べる＝すでに愛されている

いうふうに言われると、なにか釈然としないものが残るような気がするんですね。料理をすることと、「ありがとう」という言葉が等価交換になってしまうからだと思っています。それは贈与の本質からずれる。「ありがとう」と言ってもらいたいというはからいの世界に取り込まれてしまう。利他は「ありがとう」と言われて満足する世界を超えているはずです。そのあたり、土井さんはどういうふうにお考えでしょうか？

土井　なにかの本で読んだお話です。アイヌの世界には物にも魂があります。アイヌの持ち物を、客から分けてほしいと請われたとき、それを一度神棚に置いて、客からわずかなお金をとってお金を神棚に置いてから、客に物を渡したそうです。物との縁を切るときに、お金を使うのです。中島先生はとても、感受性が豊かな方だと思います。

　私の場合は、料理するという行為そのものが愛情なんだということですね。料理する＝すでに愛している、料理を食べる＝すでに愛されている、という関係性が完全にある。すべての美

しいものというのは、ひとつだけでは美しく輝かない。他者によって、こういうふうに、人間と物と自然のあいだにある「〜と〜」の「と」のところに、ハートマークのような大切な美が生まれます。これは料理をしていたらわかるんじゃないかと思うんですけども。

中島　そうですよね。土井さんがお仕事で毎日料理をやっているご自宅のスタジオにもうたくさん料理があるのに、土井さんのパートナーの方が、お子さんが帰ったときにはすぐにまな板の前に立って料理をする、と。そうすると、子どもたちは、お母さんがつくっている料理の音と匂いというものによって愛に包まれているという感覚をもつと。料理って食べるものだけではなくて匂いとか……。

土井　食べるということが重要だというふうに思われるようになってきたんだけれども、実は食べるまでのプロセスのなかに、人間と人間の関係性のなかに、豊かな時間があるんですね。これは『一汁一菜でよいという提案』にも書きましたけれども、家庭料理というものは子どもの居場所をつくっているんだというふうに教えてもらったことがあるんですけれども。まさに、家庭料理というものを贈与する、そこに人が集まってくる。そこに愛というような、愛情というか、豊かなもの、それを受ける経験というようなもの、家庭料理の経験のなかに無限の人と人の関係、人の向こうの自然との関係、人と道具との関係、料理と自分との関係、さまざまな無限の経験の蓄積が、その過程でおこなわれているんだということ。

中島　うんうん、そうですねぇ。

土井　とくに子どもたちにとっては、手料理というようなものを食べるという経験が、未来への想像力、イマジネーションをはたらかせる力というかね、あるいは、「この人こんなこと言うてはるけど、さあ、ええ人かどうか」っていうようなね、いわゆる直観力みたいなものを育むものだということ。目に見えないものをはたらかせる力、いわゆる健康のため栄養のために食べるという以上のものが、料理をして食べることのなかには生まれてくる、ということですね。

土井善晴さんは巨大な器

中島　利他と一汁一菜の問題の核心部分になるのかなと思うのですが、非常に重要なのは「場所をつくる」とか、「スペースを空ける」とか、あるいはさきほどの「器」とかですね。僕は、土井善晴さんは巨大な器だと思っているんですね。それはどういうことかと言うと、いちばん最初に申し上げたケータイ大喜利なんですよ。

土井　ほうほう。

中島　土井さんが発した言葉じゃないんですよ。誰かがケータイ大喜利に送ってきた言葉が、土井さんを通ることによってなにかが生まれる、ということだと思うんですね。これをやれる人は器である人だと思うんですね。僕は、人間というのは本当は器なんだと思っているんです。仏教の考え方で言うと、「私」なんていう絶対的な実体は存在しなくて、常に私は縁を得ながら変化する現象として存在していると。私になにかがやってきて私のなかにとどまっているんだという感覚が、仏教的な感覚だと思うんです。

たとえば、志村ふくみさんという染織家の方がいらっしゃって、人間国宝の方ですが、志村さんは、自分がなにか色をつくっているなんて思ったことがないと。色がやってきて、私を通して出ていく、という言い方をされるんですよね。ある以上の経験をずっと積まれてきた職人的な方は、同じようなことを、自分がつくっているという感覚はないと、自分は器なんだという感覚を強く語られるんですけれども、私は土井さんは器として、料理をされているのではないかなあと思ったりするのですが。

土井　そのへんはね、わからないけども、さきほどの「ゆっくり」というような、手の仕事というのは、本当に正直だと思うんですよ。食材に反応して動く手というのは、人間の心とつながっていて、あんまり頭とつながっていないんじゃないかと思っているんです。私自身、ろくでもないことを考える性分ですので（笑）、自分の頭で考えたことを信じてはいけないい、あんまり信じていないいですね。だから、小さな違いの発見のようななにかが起こったとき、ぱっと自分が反応する、これは自分の五感とそれまでの経験という蓄積されたものが合わさって反応しているわけですけども。その悟性《ごせい》というものに、非常に期待しているんですね。

中島　なるほど。

お芋が気持ちよさそうにしているなぁ

土井　ですから、なにか自分に取り柄《え》があるとしたら、あんまり昨日の自分に頼らないで、今日初めて料理するんじゃないかという気分でいつも臨むところですかね。だから、おいしくできないかもしれないとか、不安はあるんですよ。できないんじゃないかと思うんです。でも、一生懸命相手に接するというか、素材と対話するみたいなことをするんです。

それは力みではなく、なんかお芋《いも》が気持ちよさそうにしているなぁ、というようなものです。強引に「はやく柔らかくなれ」と思って火を強めても、おいしくなるどころか、崩れてなくなってしまう。優しく対話し、感覚と経験に照らして判断をくりかえしながら、視覚的、嗅覚的、聴覚的、触覚的に現れる「きれい」に導かれて調理する。優しく優しく豊かにしてやることで、非常にご機嫌な顔を見せてくれるわけですよね。
そのあたりは、自分の経験のなかで、あ、こっちのほうがいい、こっちのほうがいいと、いつも判断していて、微妙にいつも違っている。そうすると、おいしくできないこともあるかもしれないけども、「あ、きれいになった、きれいになった」みたいな気持ちでやると、結果としておいしさはついてきます。

中島 うしろからやってくる力というものに、土井さんはずっと開かれていると言うんですかね。近代人は、自分は自分はという感じで、コントロールしがちですよね。

土井 ですから、フランス料理やっている人ってものすごく味見するんですよ。そして、さらにこれを加えたらと、もっとイマジネーションを膨らませて、こんな味をつくってやろうというふうに思うわけだけれども、まぁそこをしているうちはものすごく悩んでいたんですよね。
だけども、なんでもない、自分がいつも行ったらお料理をつくって出して食べさせてくれるおばあちゃん、そういうお家《うち》はいつも私には何軒かあったという気がしているんです。そうするとね、もう料理人になってから頭が下がる。どうしてこんなにおいしいんやと。頭が上がらないほど感激するようにおいしいんですよ。

中島 ああ。

結果としておいしさは
ついてきます

近代人は、
コントロールしがちですよね

土井　それって、自分がある程度その域に達したのは、六割ぐらい、もうあとは自然にお任せっていう、自分の力ではどうにもならないっていうところを、もう最初から諦めているんですね。あ、もうこんでいいわ、と。あとはもう、今日はおいしいかどうかというのはその日の運みたいな、結果としてついてくるというかね。だからおいしさを望んでないですね。おいしくなくてもいいという、家庭料理はそんなにおいしくなくていいんだよ、みたいな発言もそこからくるんですけども、実際に結果というものは受け止めたらいい。

でも、自然のことだから、まずくなりようがないんですよ。味付け忘れたっていいんです。濃いのはちょっと問題ありますけど、味が薄かったら、ちょっと醤油かけて勝手に食べてもらったらいいと。だから和食に関しては、食べるほうの人に実はものすごくクリエイションがあるんです。自由に食べたらいいんです。食べる人が自分で勝手に味噌汁にチーズ入れて食べたらいい。そういうふうに考えてるんですね。

レシピに依存すると感性が休んでしまう

中島 土井さんのいろいろな番組を拝見していておもしろいのは、土井さんはレシピを提示していながらレシピを超えようとされている。

土井 そうそうそう。そうなんですよ。

中島 ここがすごくおもしろい。番組なのでレシピがないと成立しないと思うんですけど、レシピという考え方自体を土井さんが疑っているというのが、ありありと見えていて。発言でもですね、「味噌に任せればレシピの計量は不要です」というふうにレシピ本でおっしゃっていたりとかですね。あるいは、「まあ、レシピは設計図ではありませんから。記載された分量とか時間に頼らないで、自分でどうかなって判断することです。自然の食材を扱う料理は、自然がそうであるようにいつも変化するし、正解はない。というよりも、違いに応じた答えはいくつもあるのです。だから失敗のなかにも正しさはあるかもしれません」とおっしゃっているんですけれども。

土井 そうです。

中島 レシピ自体が極めて近代的なもので、政治学で言う設計主義なんですよね。人間がすべてをコントロールし、そして、こういうふうにやれば世の中がうまくいくという考え方。けれども現実は、それどおりにはいかないわけですよね。むしろそういうものが他

土井　自然のことだから、
まずくなりようが
ないんですよ

中島　土井さんはレシピを
超えようとされている

土井　そうそうそう
そうなんですよ

中島　レシピ自体が極めて
近代的なものです

土井　常に違うんだということが
前提です

者を抑圧してしまったり、枠のなかにはめようとして暴力的な行為をおこなったりする。この設計主義をどのように超えていくかは政治学にとって非常に大きな問題なんですけれども、それをおそらく土井さんはレシピを超えるということを料理人としてされている。

土井　「設計主義」、覚えときます。これはね、お料理上手と言われる人は、みんなそこんところをわかっていて、素材の前提条件をいつも同じにするということは、まあいうたら不可能だと。鍋も違えば、たとえばきゅうりでも、細いのも太いのも季節外れのものだってあるということです。だから、常に違うんだということが前提だから、レシピだけいつも人間が都合よく大さじ一杯、そんなことはありえないわけですよね。まあだいたいそのようにはできるけれども、でもそのようにレシピを意識した途端に、人間という生き物は感覚所与（五感）を使わなくなるんです。なにかに依存すると感性は休んでしまうようです。「さあ、どうなるかわからない」というところで、心を使って料理することになります。

素材それぞれがご機嫌なこと

中島　『土井家の「一生もん」2品献立』（講談社）という本もよく読ませていただきますが、

分量が何ccとかを覚えるんじゃない、と。ベーシックななにかのつくり方を覚えれば、いろいろな素材と対話しながら汎用可能なんだ、ということを教えてくださる。そのためにいちばんベースのレシピがあるんだ、とおっしゃっているんだと思うんですけれども。そういうものは、自分自身がつくったものというよりは、死者というんですかね、亡くなった人たちの大きな歴史とか、これまでずっと積み上げてきた無名の人たちですよね。家庭料理のなかでそういう人たちがずっとつながってきて、私がいて、またつながっていくという、そういう時間の流れのなかに身をおくっていうことなのかなと。

土井　まあ、前提条件ということがあって、一定の条件を満たして初めて自由になれるわけで。日本の歴史とか、気候風土のなかでこういう食文化ができた。その食文化のなかでね、一緒に生きるなかで、それこそ和食というようなものは、「あぶる（焼く）」か「ふかす（蒸す）」、それから「炊く（水煮または煮る）」ですね、次に「炒《い》る」です。「炒る」というのは、「揚げる」も入る。水分を使わない調理として油を使った「炒る」。それと、「なます」という、なまものや塩物（漬物）。その五つの調理方法で、食材と組み合わせる。関西で言うと、「菜っ葉の炊いたん（煮る）」とか「キャベツのけったん（油で炒める）」とかいうふうに、調理方法と素材を組み合わせたもの。素材がまずあるんです。素材がいちばん主役なんですよね。

中島　はい。

土井　それから、他のものと組み合わせないで独立させるということは、それぞれがご機嫌なこと。だから和食では混ぜるっていうことがないんですよ。というのはひとつひとつの食材に敬意を払います。ですから「和《あ》える」。それぞれの存在感を、美しいところを尊重させて、隣同士に……、これも利他ですよね。複数の食材の利他が互いにはたらきあって、ひとつのおいしいものが生まれる。

そしてそのなかに、味覚や嗅覚、またカリカリという触覚的な変化を、口のなかで起こる変化を発見しながら食べている。これを昔の人は「探し味」と言っていますが、ある研究者は「口中調味」という言い方をしているものだと思います。だから西洋で言うところの混ぜる文化は、ケーキのように液体とか粉のものを混ぜ合わせて全然別のものをつくり出そうという、だから科学的とも言えるかもしれませんけれども、和食の場合はそれはないんです。

「きれい」は日本人の倫理観そのもの

中島　土井さんは料理番組でよく「あんまり混ぜんほうがいい」っておっしゃっていますよね。

土井　はい。混ぜたらあきません。

中島　とにかく、ムラがあったらそれでええやないかと。味にムラがあるということがそれぞれのおいしさなんだという、これもおもしろいですね。

土井　混ぜたらたいていのもんは汚くなるんですよ。赤、青、緑、三色以上混ぜたらグレーになって、たいていは汚くなる。だけど、混ぜないで、たとえばポテトサラダなんかでも、「あ、今美しい」というのがね、いちばんおいしい瞬間。これを混ぜすぎると粘ってしまうし、雑味になったり、早くから混ぜていると浸透圧がはたらいて自由水《じゆうすい》と言われる水が出てくる。時間とともに雑菌が増えて味を落とし、腐りやすい、あるいは体に悪いものになる。酸化や腐るという方向になってくるわけです。出来立てがいちばん純粋で清いんです。和食は「この瞬間」のおいしさを、食べています。そういう意味では、和食はいつも変化する道中の一瞬を食べています。だから昨日と同じおいしさを今日出そうと思っても不可能なんです。これは。

中島　ポテトサラダについて書かれたものを読ませていただきましたけれど、とにかく何回混ぜろとレシピで決めるのはおかしいと。きれいやなと思ったところで止めると。それがいちばんおいしい瞬間で、それは時と場合と食材によって変わるということですよね。

土井　そうそうそうそう。

中島　やはり、土井さんのひとつのキーワードは「きれい」という言葉ですよね。僕もなるほどなぁと思って努めているんですけれども、魚屋さんとかで並んでいてきれいだなぁと思うものがあったらそれを買《こ》うたらいいと。「きれい」ということと和食、日本のご飯はつながっているんですね。

土井　和食はそうです。それに、さっきの民藝もそうですが、みんな美の問題なんです。現代人はそう思わないかもしれませんが、日本人は高い美意識をもって暮らしてきたと思います。「きれい」という言葉は、嘘偽りのない真実、悪意のない善良なこと、そして美しいこと。人間にとって大切な真善美を「きれい」という言葉一言で表します。「きれい」は、お料理の健全性を保つとても大切なものです。「そこ、きれいにしときや」「あのチームはフェアプレイをする、汚いプレイはしない」「あの人は誤魔化すことはない、きれいな仕事をする」というふうに。日本人は「きれい」という一言で、真善美をいつもはかっているんです。「きれい」「汚い」はまさしく日本人の倫理観そのものです。
　そこがあるから、「外に出たらあかん」と言われるのも、なんとなく自分で判断していても大丈夫なんちゃうかという、ええ加減なんですけどね、実は真善美という基準をちゃんともっているんです。そういう意味で、日本人のええ加減なところが、すごい大事なんですよ。

日本人は「きれい」という一言で、
真善美をいつもはかっている

中島 僕は政治学をやっているんですけれども、それは民主主義にとってもとても大事だと思っているんですね。大正デモクラシーのころ吉《よし》野《の》作造《さくぞう》が、普通選挙を導入してみんなが選挙に行くべきだという主張をしたのですが、そうすると彼はいろいろと批判されるんですね。というのは、無学な人たち、文字が読めない農村の人たちが政策判断できるのかね、というふうに批判されるんですけれども、吉野がどう言ったかというと、堂々と、「そりゃ政策判断できないでしょう。しかし、辻説法している政治家を三分間ずっと見ていたら、この政治家がどういう政治家か判断できます」と。つまり顔で判断しろって言っているんですね。

土井 そうそう、ふふふ。

中島　うちのおばあさんも無学の人だったのですが、選挙に行ったおばあちゃんにですね、「ばあちゃん誰に入れてきたん」って言ったら、「男前」って言ったんですよ。それはイケメンに入れてきたって意味じゃないんですよね。こいつだったら大丈夫だ、っていう顔の判断をしてきたという意味だと思うんですけれど、それが、料理の面構《つらがま》えっていうんでしょうかね、そういうものと関わっているのかなと、それが倫理っていう問題なのかなと。

「これをつくった人に会いたい！」

土井　そうですそうです。まさにね。人間の直観を信じるということですね。養老孟司《ようろうたけし》先生とか、石川九楊《いしかわきゅうよう》先生とか、中村桂子先生とか、「この人難しくてなに言うてるかわからんけどもこの人はすごい。この人に会いたい」、と思うんですよ。それでその人の本を読んでみて、あーなるほどやっぱりこの人はすごいなと。だけど最初は、あの人の声がええとか、あの人の話しぶりがええとか、その人と出会うきっかけというのは、まさにそんなんなんですよ。中島先生もそうなんです。

中島　ああ、そうですか。お恥ずかしい……。

土井　そういう人たちに出会うと、その人たちに手紙を書いて、その人のところに行くんですよ。そうすると必ずいい人がいてる。
あるときなんか、佃煮《つくだに》をいただいて、食べたら「これをつくった人に会いたい！」と思ったんです。そして実際に会ってみると、私の想像したとおりの人がきれいな仕事をしていた。そのご家族はまさに、お店の看板になるような、きれいな顔をされていました。人のつくったものに、その人の生き方とかきれいなものがどこかに残っている。それをたぐっていくと、いい人に出会う。これは間違いないと、信じているんですね。結果としてある佃煮の清々しさにそのすべてが見えていたのです。

中島　直観という字は、「直接観る」と書きますよね。でも「みる」のも「観」ですから、心の目でみているんですよね。それを大切にするというのはとっても重要で、僕たちはこれをいろんな知識が邪魔してきたんだと思うんですね。僕は今西錦司《いまにしきんじ》という生物学者がとっても好きなんですけれども、彼は理系の学者でありながらこの「直観」が重要なんだと。山をずっと歩いていたらわかると。あのへんに魚がおるなとかですね、そういうのはだいたいわかる。それは科学的合理主義とは言えないが、しかしそれはどう考えても存在していると。この直観がはたらかない世の中になってきたのかもしれないですよね。

直観＝心の目でみる

土井　エビデンスがないものや数値化できないもの、計量できないものが、まさに「直観」、いわゆる情緒的なことですけども。岡潔《おかきよし》という数学者なんかも、情緒を加えて考えないと数学は答えが出ない、と言っていたりするところに、私はやっぱりそうかと。私は哲学者の言葉に自分の料理観の答えを求めているという感じです。

中島　土井さんは岡潔のこともよく引用されていて。岡潔は日本を代表する数学者ですが、仏教の世界に非常に接近し、直観と情緒、それこそが数学であると言った人なんですよね。インドにラーマヌジャンという天才的な数学者がいたのですが、彼にとっての数学というものも、やはり神様の世界とつながっていたんですね。彼は科学的な証明ができないんです。けれども、正しい数式を突然書いたりするんですね。イギリスの最先端の数学者が、なぜ君はこの答えにたどり着いたのか、そのプロセスがよくわからないと言うんですけど、彼は直観なんですよ。そしてその直観は神様とつながっていて、彼は、女神が私の舌の上に数式を置いていったとか言うんですね。近代の合理主義は、こういう世界を科学的ではないとして捨ててきたのですが、しかし僕は、科学というものを問い詰めていくと、そういう世界と一致するところがあるのではないかと思ったりもするんですよね。

自分はぜんぶ知っている

土井 ですからたとえば、キャベツを洗って五センチほどに食べやすく切って、フライパンを熱して炒めて、塩胡椒で味付ける。ほんとに一行に満たないようなレシピというようなものがあったとしたら、すごく単純でつくりやすいかもしれないけれども、実はそこで、どのくらい焼かないとだめなのか、どのくらいの火力なのか、そして手はどのくらい動かすべきなのか、いつ火を止めるべきなのか、というようなものすごい複雑なね、時間と熱量と、固体の大きさ、質感、あらゆるものを解決しているのが料理なんですよね。

中島 そうですねぇ。

土井 これはもう頭では絶対できなくて、本当に感覚的なものなんですよね。私は味見というものはこのごろほとんどしないんですよ。だけど、人に出すということになると、ちょっと味見をしたくなるんですね。相手というものが入ってきたときに、ちょっと大丈夫かなと、確認が入ってくるんですけども、自分や家族が食べる範囲だと味見しないんですよ。でもおそらく大丈夫だという、ほとんど確信がある。その確信と現実との誤差を知るために味見をするんです。自分の感覚が正しいかどうかということを確かめるために味見をするという感じですね、今は。

中島 僕みたいなものすごい素人が土井先生にこんなこと言うのはすごく恥ずかしいですが、

僕みたいなへたくそでもですね、今日うまいことといったなぁと思う日はだいたいおいしいですね。

土井　そうそう、流れにのっているんです。もうすでにね、自分はぜんぶ知ってるんですよ。でも、他人という世間ができたときに、不安になったり、喜んでくれるかな、もうちょっとこうだったらええんちゃうかなってていうのは、自分が頭で考え出していることで。でもやめたほうがええのにってていうことなんて、私見ていたらよくあるんですけど（笑）。あと見極めているというのは、本当に自分で、ああ気持ちええとか、流れがよかった、でもいいんです。ああきれいだなぁという瞬間にポンと止められるというのが、これはもう間違いなくおいしいんですよ。

中島　そうですね。鍋でも、ああ今日きれいになったなと思うと、うまくいってますよね。

土井　鍋料理でも、今なんでも放り込んで食べるけど、ああきれいに食べはんなというのは、濁らないとか、煮えばなを食べる、いちばんおいしい瞬間を食べる。食べてる様子がみんなきれい、ああ美しいな、鍋に浮かんでる葉っぱ一枚、お肉なんかでも。豆腐が浮かんできて、ゆらゆらゆらって揺れる。ああ、おいしそう、はい食べや、っていうね。この感触というのがね、和食には本当に素材と対話というか、そういう気持ちになると料理はおもしろいんですよ。これはおもしろいんです。

中島　僕でもおもしろいなぁと思えるときがあります。

土井　みんなそれぞれに楽しめるし、そして結果として自分の答え合わせができるわけでしょ。そのときに、なんて言うかなぁ、一般のレストランで食べるお料理のおいしさというのと、今私がしゃべっているおいしさというのは、全然別もんかもしれませんけどね。

このあたりが、和食はきれいなものを食べるというのがあって、いわゆるお酒づくりとかでも日本は「清酒」と言うでしょ。清らかなお酒をつくる。清らかであればいい。おいしいお酒をつくろうというよりもきれいなお酒をつくろうとしてつくってきた。お酒の個性を重要視してこなかった。でも今、ワイン文化のように個性を味わうようになって、清酒、日本酒の世界に、右に振れたもの左に振れたもののおもしろさを入れたことで、ま、日本酒は生き返りましたよね。それは日本酒の世界に西洋的な考えを入れるわけですね。それで清酒がおもしろくなってきているわけですね。そもそもは日本にはそういうのなかったんですけどね。

自然なおいしさと人為的なおいしさに、食べる側が気がつく、気がつかない、そして楽しむ、楽しまない。違いを発見することが、多様性、いや無限性をおもしろがる方法だと思いますね。

いいことも悪いことも、仕方がないと認める

中島　清酒もそうですし、素材からいろんなものをつくるプロフェッショナルの方に土井さんは心を寄せていらっしゃるところがあって。僕も『一汁一菜でよいという提案』を読んでいておもしろいなと思ったのですが、味噌づくりのマイスターの雲田實さんについてこうおっしゃっていて。「『良き酒、良き味噌は人間が作るものではない、俺が作ったなどと思い上がる心は強く戒めなければならない』と口癖のように言う実直な人柄」だったと。みんな同じですね。自分がつくったというのは思い上がりであると。

土井　和食をやっている人はみんなそうなんですよ。和食というのは、「ああ、ええ料理つくってくれはった、おおきに」、「いやいや、今日は素材がよかったんですよ。今日はええ鯛とれたから」というようなね、みんな自分のせいじゃないと言うんです。だから、自分というようなものをなくすというところに日本の文化があって。でもそれって、たとえば結婚するにあたってもね、自分たちは結婚する「ことになりました」って言うでしょ。二人の意思が強くってということではなくて、まわりがそういうふうに整ったから、「二人はこうなりました」という言い方をしますよね。こういう思考方法がなぜか私たちには備わっているように思います。

中島　意思というものがすべてを決定しているという観念に僕たちはとらわれすぎていて、

むしろアジアの古層のようなものを探っていくと、そうではないものがいっぱい出てくると思うんですね。

最後になるんですが、僕は「与格《よかく》」という文法のことをよく考えています。僕はインドのヒンディー語という言葉を勉強していたのですが、ヒンディー語は「～は」でふつうはじめる文章を、「～に」ではじめたりします。たとえば、「私はとてもうれしかった」という文は、「私にとても大きなうれしさがやってきてとどまっている」という言い方をするんです。私がなにかうれしいと思ったんじゃないんですよ。私にうれしさがやってくるんです。

土井　ほうほう。

中島　〇〇語ができます、ということも同じです。「私はヒンディー語ができる」ではなくて、「私にヒンディー語がやってきてとどまっている」となる。日本語の言葉にも与格はあります。「私にはそう思える」とか。思う、というのはI thinkとはちょっと違いますよね。私が思いをコントロールしてるのではないんですよね。「思い」って、宿ったりとか、突然やってきたり、思いが巡るという言い方をしたりしますが、そんなものとして私たちは主体を捉えている。土井さんの料理はこの「与格」的なものなのかなと思ったりするのですが。

土井　和食の感性というのは、それこそ自分がなにかをしているということではなくて、自然をきちんと受け止めることですね。人間にとって都合よくをあまり考えない。その自然をきれいにすることが正しさだと信じてきたように思います。いいことも悪いことも、仕方がないと認めるというかね。そのあたりが和食にとってはとても大事なことだと思っていますけれども。

中島　ありがとうございます。

郵便はがき

恐れ入ります
切手を
お貼り下さい

〒602-0861

京都市上京区新烏丸頭町
164-3
株式会社ミシマ社京都オフィス
編集部行

フリガナ

お名前　　　　　　　　　　　　歳

〒

ご住所

　　　(　　　　)

ご職業

メルマガ登録ご希望の方は是非お書き下さい。

E-mail

★ご記入いただいた個人情報は、今後の出版企画の参考として以外は利用致しません。

ご購入、誠にありがとうございます。
ご感想、ご意見をお聞かせ下さい。

① この本の書名

② この本をお求めになった書店

③ この本をお知りになったきっかけ

④ ご感想をどうぞ

＊お客様のお声は、新聞、雑誌広告、HPで匿名にて掲載させていただくことがございます。ご了承ください。

⑤ ミシマ社への一言

土井　自分というものをなくす
というところに
日本の文化がある

中島　私がうれしいと
思ったんじゃなくて、
私にうれしさが
やってくるんです

土井　ほうほう

中島　土井先生の料理は
「与格」的なものだと
思います

土井　自然をきちんと
受け止めることですね

Q1 お惣菜を買うという行為は家庭料理のなかでどう捉えたらいいでしょうか。けっこう使ってしまう母です。

土井 お惣菜を買うということはお惣菜に依存するということになりますでしょ。ぜんぶをそこに依存するとやはり……。まあ、大人だったらそれでもいいこともあるでしょう。自由ですから。でも、子どもがいて、ぜんぶ依存したものを渡すとなると、よくない。自分の手を使うという行為に、すごく意味があると思っているんですね。でも、お惣菜を買うことで、罪悪感をもったらつまらないから、自分でつくるものと、お惣菜を組み合わせて、要領よくやるということですね、それは。

だから、いつも答えはひとつじゃない。今日はお惣菜でちょっと悪いなと思いながらも、それを忘れないで、できる日にはつくると思っておいて、つくれるときにはつくる。でも、「あ、おいしそうなものあるやん。ちょっとひとつコロッケ買っていこか」、これでええと思うんです。だから、自分で考えるということです。そして、すべて依存しないということが大事だと思います。

Q2

ミニマリズムは、素朴を愛するという日本の生活との親和性も高いと思いますが、一方で、その背景に近代の合理主義的なものも感じとってしまい、日本の素朴とは同一視できない違和感を抱いてしまいます。ミニマリズムについてお考えをお聞かせいただけますか？

中島 どっちが優れているかという議論にはあまり意味がないと思いますが、土井先生のおっしゃっていることは、人間の強い作為性とか、私がこうやったらよりすごいものができる、という姿勢をより遠ざけていく発想だと思います。ミニマリズムって、自分たちの力によってミニマルなものへと縮小できるというところに、はからいとか設計を感じます。

土井 みなさんはミニマリズムをどう解釈されているのでしょうか。たとえば断捨離みたいなものもミニマリズムのひとつだと思いますが、私はあんまり断捨離できないたちなんです。というのは、そこに物があることで、その物から磨かれるということ、あるいは物によって気づくということがありますので、常に、人や物との関係性のなかで自分を生きてるんだということなんです。だから、若い料理人はいい道具を使うと、いい道具（器）だからと扱いに気をつけるようになって、人間が道具（器）に磨かれることがあるんです。
ミニマリズムにむかうということは、まわりに人工的なものがたくさんあることがストレスになってしまっているんですよね。そのストレスに耐えられないから、ぜんぶ排除したい。自然さえも排除したいと思ったのが都市だと思うんですよ。都市のなかの自然とはなんだと言ったときに、人間は自然物ですから、人間みたいなものすごくうざいものがそこにある。今、人間さえも排除したいというようなところまできているのが現代だと思うから、あんまりミニマリズムというのも行きすぎると、自分ひとりになっちゃうから。それもみんなほどほどがいいと思います。

Q3

料理を誰かのためにつくり、お金をもらう場合、そこに利他はどう関わってきますか。お金を受け取るとき、つくり手の気持ちがどうあるときにそれを利他と呼べますか。

中島　僕は、お金をもらうことのほうが親切な場合があると思っています。僕は十年間札幌に住んでいたのですが、札幌のシャッター商店街の問題を解決するために、みんなで喫茶店をつくったことがあるんです。たとえば、役所とかで喫茶スペースをつくって、みんなの憩いの場をつくって無料でコーヒーを配るようなことをすると、実は行きづらいんですよ。それよりも、二〇〇円でも三〇〇円でもいいのでお金を取ることによって、自分はコーヒーを飲みに来ているんだということを思いながらその場所に関われるんですね。それを通じて、人と接触したりコミュニケーションを取ったりする場が生まれていく。

お金も使いようなので、お金を全否定することが利他ではないと僕は思っています。お金を媒介することによって発生する利他や思いやりがあるんじゃないのかな。お金の使い方のほうを考えたほうがよいのではないかなと思っています。

土井 確かに、お金を渡さないとその物との縁が切れませんよね。

中島 そうですね。これは贈与や利他にとって大変大きな問題で、ただプレゼントをあげるというのは、相手に大きな負債感を与えることになります。返さないといけない、という感覚ですね。これがどんどん大きくなると、そのまわりに支配―被支配の関係が生まれます。負債感をもっているほうが、いっぱいあげているほうから支配されていく。贈与にとって難しいのは、この返礼義務という問題です。

土井 日本人て、昔は「朝飯前や」という言葉をよく言ったと思います。人からものを頼まれたときに、「ああ、そんなの朝飯前や」と言って一仕事をする。その「朝飯前や」という言葉のなかには、頼んだほうの人に、悪いな、手を煩《わずら》わせるな、時間を奪うなという思いが負担になるから、いやいやそんなことないんだと、頼まれたほうが「朝飯前や」と言うことで、相手の気持ちを切っている。利他というのは、常に両者の方向からおこなわれているんじゃないかと思います。ふたつの行為が合わさって利他になるんじゃないかと。

中島　そうですね。そして、お互いさまという互恵関係ですよね。あと、それを超えたところにも利他があるかもしれないと思っていて。すべてがぐるぐるまわっているのだから、自分が与えられたものは別の人に、というのが利他の考え方だと思うのですが、そのなかには、「自分がやることによって、自分も誰かからやってもらえる」というはからいが含まれているような気もします。

僕がインドで生活していたときに、すごく重い荷物を持ってニューデリーの駅の階段を上がろうとしていたら、うしろから三十代くらいの男性が来て、荷物を持ってくれたんですね。僕はすごくありがたいと思ったので、ヒンディー語で「ありがとう」と二、三回言ったんです。するとその男の人は、むっとしてどこかに行ってしまいました。俺は礼を言われるためにやったんじゃない、という顔をしていたんですよ。礼を言われるとむっとすることってありますよね。一方的な贈与というのもまた重要で、礼として返されるためにやっているんじゃない、という問題も贈与にとってとても重要だと思います。

土井 たとえば車が故障したときなどに、お金を渡すので助けてほしいと言うと嫌だと言われるけれど、ほんとに困っていたら助けてくれる人が集まってくるものだと思います。

Q4

私はシンガポール在住です。こちらの食品はインドネシア、マレーシア、中国などからの輸入品がほとんどです。日本の野菜のクオリティーは高いと思います。同じように和食をつくっても、こちらの野菜では日本でつくるようにおいしくはできません。やはりその土地に合った調理法、こちらで言うとマレー・インド料理のほうがよいのでしょうか。でも、和食食べたいです。

土井 食文化は、その土地の気候風土にいちばんふさわしいものが残る。それは命を守るということにつながっているわけですから、ある土地に入ったら、その土地の人はみんなそこの食文化のなかにいることによって、安心して暮らすことができるようになります。日本人は清潔ということが得意ですよね。今は、シンガポールでも発達して水が水道からどんどん出てきていて、手が洗えたりする。そうすると、日本人の個性というものを発揮できるわけでしょ。日本人の個性であれば、そんなにスパイスに頼らなくてもできるから、日本人がつくったそこのマレー・インド料理というのができると私は思います。

中島　『現代の超克』（若松英輔との共著、ミシマ社）という本のなかに、ガンディーを取り上げた部分があります。私は、コロナになってからもう一度ガンディーを読み直しているのですが、『ヒンドゥー・スワラージ』という本があって、そこでガンディーは「鉄道なんていらない」と言うんです。鉄道と医者と弁護士はいらないという極端な議論をするんですが。鉄道があると、農家は自分のつくった作物をより高い値段で売れるところに送ろうとします。そうすると欲望というものが発生すると。もうひとつは、疫病が広がるというんですね。本当は近いところのなかで大切な物のやりとりをするべきである、だから地産地消ですよね。ガンディーは、隣人の原理というふうに言うんですけれども。都市の住民は都市に住んでいるならば、近隣の農村・農家を支えるという、ダルマ（役割）があることを思い出さなければいけないと。

これは今にも生きる言葉だと思います。コロナがこれだけぱっと広がった背景には、グローバリズムの行きすぎた形態があったかもしれません。そうすると、近いところから私たちが支え合うということ、それは食材というものを通じてもっとも関係ができるのだと思いますが、そこを見つめ直さなければいけないなと思いました。

土井　ヨーロッパには、同じパンを食べる人々という言い方があるのですが、同じパンを食べる人たちは、ひとつの食文化を共有して、その地域で地産地消をして、近くでとれたやったるで!!

じす。みんなが
る。だから食文

Q5

（参加されていた東京大学准教授・國分功一郎先生の質問）　**真理は自己自身をあきらかにするものであって、スピノザの理想とは、そのような真理が自然と精神のなかに流れ込んでくることでした。ただ、そうしたことは稀にしか起こらないとスピノザは考え、だからこそ、そうした真理が自然に流れ込んでくるための方法が必要だと考えました。ここからが質問です。スピノザの方法とは、いわば教育の原理だと思います。まさしく他力的に、真理が自然に精神に流れ込んでくるための状態をつくり出すためのものです。では、料理においてはそのような方法や教育は、どのようなものでありうるでしょうか。**

中島　僕はスピノザと親鸞の考え方はとても似ていると思っています。スピノザも神をベースとして、そこからやってくる力（コナトゥス）が重要だと考えた人だと思います。人間が作為によってなんでもできるというよりは、その自然こそがなにかを生み出している。能産的自然（natura naturans）という言葉があったりしますけれども。自然は人間がつくり替えるものではなくて、自然によって能動的につくられるものがあるという観念がスピノザにはあると思います。おそらくこの観念と民藝の発想は近いのではないでしょうか。美しいものをつくるのではなく、大きな自然の流れのなかに身をまかせることによって、美しさがおのずと生まれてくる。親鸞は自然法爾《じねんほうに》と言い、その自然というのは、「みずから」ではなく「おのずから」という意味だと述べています。その点で親鸞とスピノザは近く、土井さんの料理とも接点があるのかなと思いました。

土井　食材があって、鮮度がある。鮮度のよい食材というのは、旬があって、今ここにひとつの魚の鯵《あじ》がある。このくらいの鯵だったらお刺身にできるよねとか、火を入れたほうが安心よねとか、いや、今日はご飯のおかずにしたいからこんなふうにしよう、時間があるからこうしよう、というふうに、いろいろとその条件があります。おのずからなにをつくるべきがあると思っているんです。だからその場に応じて、今日はこういうメンバーでこれだけの時間、そしてこんな食材がある、こんだけの私の器量や経験がある、というようなことから、おのずからここにこれをつくりなさいというところまで実はいくもんだと、私は思っているところがあって。その場にふさわしいお料理というのは自分が決めるものなんじゃなくて、それこそすでに決められたものがあるんじゃないか、という考え方をするのが和食的でもあると思っています。

※後日、ご質問を文章で確認した土井先生から國分先生に、あらためてご回答がありました。ここに、掲載をさせていただきます。

土井先生から國分先生へ

「料理とはクリエイションである」という考え方と、「料理の最善はなにもしないこと、つまり素材を生かす」という、相反する考え方の両方を、私たちはもっています。前者は西洋料理的観念であり、後者は日本料理的観念と言えます。それは西洋の人間中心主義と日本の自然中心主義（観）の結果だと思います。後者は、かつてギリシャの思想にもあったそうですが、自然のなかにすでにあるものから取りだす（take）調理。それは、原初的な食事のスタイルで、日本ではいまだに失わずにあるものと考えています。もちろん、日本的創造（make）も当然あるのですが、ここでは「なにもしない」という一面を取り上げて話してみます。

和食とは、ある意味、生き物である食材を、健全に素材化することに重きをおく料理です。素材化とは、魚の鱗《うろこ》を引き、内臓を除き、血を洗い流し、水気を除き、骨を除き、上身（フィレ）にすることです。鳥であれば、羽をむしり、腸を引き出し、毛焼きを完了することです。それは、下ごしらえの完了であり、素材化を完全におこなう技術によって、和食では、安心して海から離れたところでも、刺身（生魚）を食べられます。そうした鮮度を維持し、腐敗を遅らせる技術を極めて、管理することを、私は料理人として学びました。

しかし、それは学ぶ以前の自然との接し方であるように思います。衛生管理といった知識をもつ以前から、浄・不浄の区別として、習慣的におこなわれてきたことです。それは常に変化する有機物に対する接し方としての衛生管理です。その技術の優れた点は、素材の状況を察して、融通を利かして、やり方を変えることです。それは料理人だけがもつ特殊な技術というよりも、暮らしを支える親たちがおこなってきた、子どもの「しつけ」として、自然に生きる術《すべ》として、誰もが身につけてきたものだと思います。その方法は、身についた常識の延長線上にあるものです。

家に帰ったら、手足をきれいにしてからなかに入ること。食事の前には手を洗うこと。台布巾と雑巾のように、上のものと下のものを区別すること。そのように、あらゆる物事に「けじめ」をつけることを、教わってきたのです。生活習慣を、和食の下地にすることで、次に、どうするかが決まるのです。それは考えるというよりも、心地よさや美しさとして示されるものを感じ取ることのように思います。

料理は素材との対話と言われるように、素材に心を寄せることです。それは日本の気候風土のなかで健康に生きていくための知恵であり、自然に寄り添い自然に守られながら、自然と人間のあいだに境界を引くことで、独自の人間文化をつくるもとにもなったと思います。そういう意味で、日本人にとって、和食の調理は生きる作法だと思います。

Q5

（國分先生の質問つづき）イギリスの料理はもともとおいしかったのに、産業革命によって使用する調味料や調理法の数が極端に減り、あの評判の悪い料理ができあがったという研究があります。現在の経済体制と「おいしくないもの」、しかもそれに対する慣れといったことについて、お考えをお聞かせください。

※こちらは先に、後日の回答を掲載いたします。

土井先生から國分先生へ

確かに世界中で、おいしいものが食べられなくなってきているだろうと推測できます。とくに外食ではそうですね。イギリスの食事のまずさが資本主義によるものだという研究は初めて聞きました。真のおいしさは、経済と関わらないところにあるからです。その「おいしさ」を、人それぞれ自分勝手に言っており、ひとつではなくなっていると思います。國分先生と私であれば、「おいしい」は一致しているのでしょう。ですから、質問の意味を、私が理解できるのだと思います。

私にはおいしいと思えない、大量生産された加工食品や脂の強いもの、うま味の濃いもの、刺激の強いもの、高級なもの、珍しいものという、一般にわかりやすいおいしさが、蔓延しています。そういった刺激的な味は、現代人のストレス解消です。食事は「料理して食べること」だと言っていますが、現代では、「食べる」だけでも食事と考えるようになっています。食事の意味や目的が変わってしまったことで、國分先生のおっしゃるおいしいものが、失われてきたのだと思います。

中島　それぞれの国で料理に世界観が現れるんだなと思うのですが、インドはその日の体調や気候によって香辛料の分量や加え方が全然違うんですね。それは、アーユルヴェーダという医学の大きな考え方や身体観と関わっている。それぞれのものがあるのだと思いますが、僕が閉口したのは、アメリカで一年くらい住んだときは料理が全然おいしくなかったことですね。インド料理ばかり食べていました。

土井　食文化がなくなったところに、新しい食文化ってできないんですよ。滅びたらもうなくなってしまう。私もキューバに行ったことがありますけど、キューバにはおいしいものがなかったんですよ。というのは、島に住んでいた人をスペインがぜんぶ滅ぼしてしまったから。あとから入ったら食文化ってできないんですね。食材はいいのに食文化がない。そうするとやっぱり、おいしいものってないんですよね。

中島 そうですね。僕もキューバに行ったんですけど、おいしいものはスペイン料理でしたね。

Q6

同居している娘、息子は成人期で、やがて私も一人暮らしになります。なかなか、土井さんのように、鍋のなかをのぞいているだけで「ほら楽しいでしょ」という領域に達しません。少食、体力低下、孤食となると、だんだんつくるのが億劫《おっくう》になりそうで、一汁一菜ですら……となりそうで心配です。料理のなかでもとくになにを大事にしておけば、楽しさがつづきますか。

土井 なにを大切にするも、つくらんと生きていけないでしょ、ということなんですよ。だから、自分でやはり地球とつながる。あるいは、自立するということ。料理するということは自立なんです。料理をしておいしいまずいというよりも、料理という行為をとにかくするということは自立。依存しないということ。そして、生産者とつながるということも、まさに自立だと思うんですね。だから、生産者は国土とつながって、そこに地球からの恵みをいただく。そして私たちは、生産者の力によってその恵みを料理する。すると、まったくね、一人の人間が地球とつながっているということを感じられるんじゃないかなと思うんですけどもね。

中島 土井さんのいいなと思うところは、いろんな人のその日の体調とかその人のあり方に合わせて料理があったらいいという提案ですよね。余裕がないときは一汁一菜、あるいはお惣菜を買ってきて組み合わせたらいい。料理はこうして毎日つくらないといけない、ということから解放されるということも、とても……。

土井 そうですね。それぞれの家族によっても違うし、その日の仕事によっても違うんですよ。本当に仕事や勉強をしないといけない時期は、料理して食べる時間さえないと思うんです。だけども、なにも食べることが仕事じゃないから、ほかのことをやらないといけない、そういうときに、大人はりんごをかじったり、バナナ食べたり、簡単に済ませることがあったとしても、子どもがいたら、やはりお母さんやお父さんが料理をして食べさせるという関係性のなかに、子どもを置いてやることはとても大事だと思います。子どもと大人では、食事の目的も意味も違うと思います。

Q7

土井先生も、心が乱れたり落ち込まれたりすることがあると思いますが、そういうときはどのようにお過ごしでしょうか。

土井 そんなときは、やっぱり歩いたり、運動するとか。一人で黙ってますね。私は、今はできないんですが、マラソンをやってたんですよ。走ると、走ることそのものがストレスなんですよ。もうほんとにストレスです。でも人間って、嫌なことも体が痛いこともなにもかも、止まったら忘れてるんですよ。走っているときに、いちばん嫌なことが頭に浮かびますので、そのあとパッと止まると、走るというストレスとともに、嫌なことも一緒に軽減してくれますね。自分の心の嫌なことも軽くなるような気がしますけれども。体を動かすことはいいと思います。

Q8

土井先生のおおらかで温かいものの受け止め方は、小さいころからの性格でしょうか。それともさまざまなご経験の賜物なのでしょうか。

土井 わかりません（笑）。私の場合は、本当に恥ずかしいくらい、誰からもああしなさいこうしなさいということを具体的に示されたことがほとんどなくて。言われてもきくような子じゃなかったんですよ。反発するというか、家ではもう「ゴン太やな。あんたのおへそはどこについてんねん」と。なにをしても「ええ加減にしときなさいよ」と言われてて。だけど、その「ええ加減」というのが、自分で考えろということで。やったらあかんということじゃない。昨日はここまでよかったのに、今日はちゃうやろと。今は「ええ加減」が悪いことのように言われていますが、それは自分で判断することだと思います。

あまり特定の勉強をしてこなかったから、私がこういうふうに話をしていることは、なにかの本で読んだこととかいうのをエビデンスにしたいと思って、ときどきええかっこ言いますけども、だけど、ほとんど自分で気づいたことばっかりなんですよ。自分で気づいたことって、人に言ってもいいのかどうかわからなかったんですよ。だけども、それを養老孟司先生に言ったら、「自分で考えたことしか話をするな」って言われて、そんでいいやろと思って、話をしだしたという感じです。自分で考えて、確信的に、「たぶんこれで間違いないやろ」と思うところがあるんですよね。

Q9

うちのおばあちゃんは、一汁一菜を出すと少し不満そうです。一汁一菜を出すときに、なにか言葉を添えるとすればなんでしょうか。相手がわかってくれる一言があれば教えてください。

土井 やはり、相手が理解しているところになると思うんですよ。だから、明らかに時間もあるし、あんなにおいしいもんも冷蔵庫にあって食べてしまわんとあかんのんちゃうかということがあるのに、それ使わんと出てきたら、「あれ、これちょっともったいないんちゃうか」とか思うでしょ。だから、「ごめんなさい、あれあんねんけども……」とか言うてくれたらほっとしますよね。あるいは今日は時間がなかったから、お金がなかったから、と、子どもにだって説明することはすごく大事だと思うんですよ。

だから、一汁一菜というのは、本当に忙しい日のお料理であって。余裕があるんだったら、自分だってちょっとこういうものを食べたい、サラダを食べたいとか、ちょっとお肉を食べたいとかいうのは、小さな楽しみです。その日の自分とか、どれだけ余裕があるかということがありますので、そんなときには言葉の問題ではなくて、みんなが共有している「今日」という日というのを面倒くさがらずになさったほうが、自分にとってもよかったなと思う日になるんじゃないかと思います。

Q10

私は自分にも他人にも興味がありません。そんな自分が利他を考えるヒントはありますか。

中島　僕にとって利他というのは、なにかへの関心というよりも、オートマティカルにやってくるものだと思っているんですよね。短い時間で説明しきれないところがあるかもしれませんが、さきほど親鸞の話をしたように、自分で「あそこに可哀想な人がいる。なにかしてあげよう」とかっていうときには、『小僧の神様』で紹介したような自己のやましさが生じるんですよね。

本当の利他というのは、突然にやってしまうようなこと。子どもと手をつないで歩いていて、車に轢《ひ》かれそうになったらパッと抱きしめたりするというのは、この子を助けようとかいろんなことを考えてやることではないですよね。インドで私の荷物を持ってくれた人もそういう人だと思います。あるいは、電車で体の悪そうな人を見かけたらパッと席を立つとかですね。考える前にパッと動いてしまうようなもののなかに、利他の重要なものがあると思います。だから、いい人になろう、利他的になろう、ということほど利己的だと思うんです。そこが利他の大きなポイントかなと思います。

土井 おいしいものをつくろうと思わなくても、おいしいものが生まれてくるわけだから。「あれ?」って、自分の想像以上においしいものってあるんです。だから、おいしいというのはごほうびだと思ってるんですね。だけどもそれってやっぱり、自分で気がつくことが楽しいことだと思います。これが楽しいとか、これがいいとか。あの人がこんなこと言ってたから私も同じじゃなんて、そんなことないんです。自分で気がつくことがいちばん楽しいいんじゃないかと思います。

Q11

「きれい」「真善美」が料理にのるということに、なにか怖さを感じました。自分にはもっと別のものもたくさん宿っているので、雑念というようなものかもしれませんが、そういうものがばれてしまう、暴かれてしまう、というのはちょっと怖いかなと思いました。土井先生にそういった怖さはありますか。

土井 ずっと怖かったですよ、私も。自分でつくったものを人に食べてもらうというのは、本当に怖いことだった。自信満々に「どうぞ、これ絶対おいしいですよ」なんて、そんなのわからへんやんと思っているわけです。料理というのはすべて自分をみられているような気がして、裸でみんなの前に放り出されているみたいな気になるんですね。だから、自分のお料理を食べてもらうのは本当に怖かったですね。でも、自分をよくみてもらいたいという気持ちがあるから、怖くなるのであって、そうではなくて、しゃあないやないかと。そんなええかっこできへん、そのままでええねん、そのままあなたらしいというのがいちばんええんちゃうかなと思ってるんです。本当にそれがいいんです。

中島 土井先生が出演されているテレビ番組の「プレバト!!」で、芸能人の方が盛り付けをされたのを評価する企画がありますが、そのときに評価の基準がとってもおもしろいなと僕は思っていて。それが今の言葉につながっているのかなと。

土井　あれはね、和食的な観点と、洋食的な観点、中華の観点、それぞれの観点があって。たとえばハンバーグだったら洋食のセオリーのなかで、洋皿をとって手前にハンバーグを置いて、日本のお刺身の変形で、借景としてうしろにキャベツがあるように盛るという約束事が一応あるんです。だけど、『土井家の「一生もん」2品献立』の表紙はハンバーグですけど、あれは私の独創的な盛り付けでもあるんです。あれはお皿の上にまずハンバーグを置くんです。そこで主役はハンバーグだということを言って、そして付け合わせははみ出してもいいかなくらいの気持ちで、その人にとってなにが主役かというのがみえるわけですよね。どのお皿をとったかでも、その人の目的が出るわけです。

それなのに、盛り付けているうちになにか足りないなと思って、飾りだすんです。でもその飾りに意味がないものに関しては、その人がこうしたいという気持ち、コンセプトがぼけてくる。それよりも、最初から最後まで、これはあの人のためにつくる、あの人はこんなものが好きだというものを中心にもってくる。そのブレがないところにその人の気持ちがわぁっと出て魅力的な一皿になるわけです。

だから、いい盛り付けは人を感動させますよ。そのくらいの力さえある。でもそこに作為のあるもの、私はこんなに美しくしてやるんだっていう作為がみえてくると、こんな汚いもんええわ、って。鍋料理がドヤ顔してるやん、みたいなものはあんまり美しくみえないですよ。

中島 あの番組はおもしろくてですね。一見きれいにみえるけれども、それが「ドヤ顔皿」だとだめと。その人が伝えたいことが素朴に現れているものが高得点で。「なんでこんな皿つくったんやろー」って言いながら審査されているのがすごくおもしろいです。

土井 こういうところに人が出てくるんです。ある俳優さんが娘のことを想って一生懸命盛ったっていう。ダメ出しをしたあとでも、この人がこういう想いで盛ったんだ、という顔がみえていたら本当はオッケーになるものはいっぱいあるんです。その人らしさがあるから。ロックミュージシャンがこれ見よがしな盛り付けをしたとしても、その人が盛ったところに価値があるんです。でも採点のために、そうした個人的なものは排除しているのがあの審査です。

――**最後に両先生から一言ずついただければと思います。**

中島 利他やポストコロナの価値観を考えるときに、日常をどう生きるのかという問題を考えないと、こういう問題は空回りすると僕はずっと思っていたんです。そういうときに、僕は土井さんのお考えや料理に出会い、これだと思ってですね、いつか土井さんとお話をさせていただけたらなと思っていました。そうしたら、うまいタイミングで、土井さんが私の動画を観てくださったりとか、いろいろなご縁があって、このような場ができました。第二弾があるかもしれませんが、これからも土井先生にはぜひよろしくお願いできればなと思います。

土井 利他というテーマについて、結論ではないのですが、私が利他でありたいと思うのは、こういうものを書いていたのですが、地球をすごく大事に思っていて、料理することで地球を大事にできるんだということ。そして、地球にはいいこと悪いことみんなあると。いい人も悪い人もある。そいつも自分やぞと。地球は自分だ、地球に存在するいいこと悪いことはぜんぶ自分だと捉えることで、非常に多様な価値に自分が共感できるということか、無限の価値観を理解する方法としてみんなあるんやと。これがバランスをとりあって、今のコロナの現実もその結果やったと思いますので、それをぜんぶ否定しようと思ったらバランス崩れますので。共存するというのは、自分は地球だと思うことで、地球を大事にすることは自分を大事にすることだと、なんかすごい大きなことを料理から考えています。

中島 料理って地球を食べていることですもんね。

土井 まさにそのとおりやと思います。

料理することで
地球を大事にできる

料理って地球を
食べていることですもんね

第2回

自然に沿う料理

2020.8.29

今ここにあるひとつの料理にもちゃんとわけがある

中島 今日は、土井先生にお料理をしていただきながらいろいろとお話をおうかがいする企画なのですが、「おかずのクッキング」という朝の番組がありますけども、今日は僕は番組アシスタントの堂（真理子）アナウンサーになろうかと思っていて。

土井 おお。中島先生がTwitterで、「堂アナウンサーのように迫る」とか書かれておられたので、ちょっと怖いなぁと（笑）。

中島 堂さんのように、流れるような進行はできません。なにかちょっと小難しいアシスタントがいると思っていただければと思います（笑）。

前回のオンライン対談を観てくださった方も多くいらっしゃると思いますが、土井先生とどういうお話をさせていただいたのかを簡単に振り返ってみようと思います。コロナの時代、ウィルスがこれだけ蔓延する、その背景として人間が環境に負荷をかけすぎた。ウィルスたちの生息地帯でのアグリビジネスなどの乱開発。ウィルスに接近しすぎたことが、ウィルスと私たちの接点をつくってしまった。なので、こういう環境に対するアグレッシブな姿勢を改めていかないと、私たちはくりかえしパンデミックに出会ってしまう。そこから環境の問題を考えなければいけないという時代がやってきた。そのときに私たちがもうひとつ出会った身近な環境が料理だった。ステイホームのなかで、

今日は堂アナウンサーに
なろうかと

ちょっと
怖いなぁ

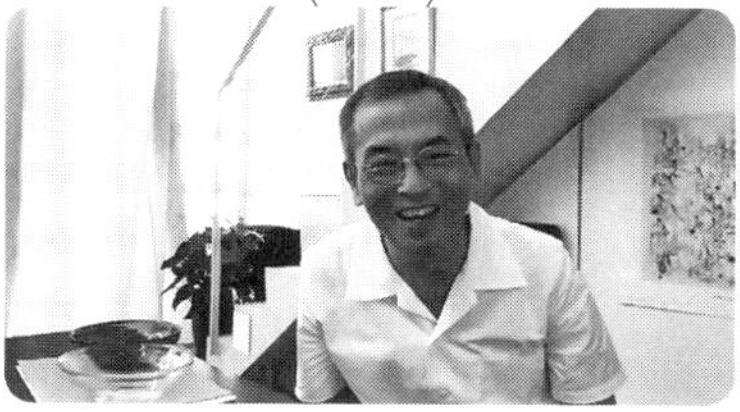

みんなが「家食」というものをするようになった。みんなでご飯、食卓を囲む。この「料理と環境」ということから問題を考えたときに、私は土井先生のおっしゃっていること、そして料理のしぐさや手さばきのなかにこそ、実は今後の世界を考えるうえでものすごく重要な叡智《えいち》があるのではないか。そんなことで、土井先生にいろいろなお話をおうかがいしたのが前回でした。

土井　中島先生の専門は政治学ですか？

中島　政治学なんです、ほんとは（笑）。

土井　そんな方や、前回は哲学が専門の國分功一郎先生もご参加くださって、質問をくださいました。そういう方たちがこのごろ、料理というものになにかあるんか違うか、と思ってくれているのかなと感じるんです。こんなことなかったんです。

中島　そうですね。とくに、家庭料理というものに対して……。

土井　まったくそうで。家庭料理ってお金にならないものですからね。だから、よう家庭料理やってはんなぁ、というようなものなんですよ。だけど、ひとつの教育、指導者として、ずっとやってきたというところに、家庭料理でなければ気づかなかったことがたくさんある。それは現実の、料理をする過程というものに目を向けるようになったということで、結局、料理の本質というか、人間の原初の行為としての料理というものを考えないことには、今のことがわからない。

どんなことも歴史が必要だし、今日本のことを考えようと思ったら、世界中のことを含めて考えないとひとつを説明できないということになりますので、広く、全方向的で、ものすごい深度も含めて、今ここにあるひとつの料理にもちゃんとわけがあるんだ、と考えることができるということですね。

人の暮らしのなかから美しいものができてくる

中島　私が土井先生のものを読ませていただいたときに、やはり家庭料理をはじめるきっかけ、お父さまから家庭料理の料理学校を継ぐようにと言われたときに、最初は「料理人になろうとしているのに、なんで家庭料理やねん」と思ったと。そのときに、京都で河井寛次郎の民藝の世界に出会われて、「家庭料理こそが民藝である」という世界が、土井先生の料理観を下支えしているのではないかと思って、そのお話も前回させていただきました。

土井　家庭料理と民藝というものは、人の暮らしのなかから美しいものができてくる。なにも美しくしようと思って生活しているんじゃないけども。実際に京都の河井寛次郎記念館に行ったら、なんとも美しいものに、じかに触れることができる環境があって。美しい暮らしというものが、民藝のような、意識はしないけれども一生懸命仕事するという河井寛次郎の生活ぶりのなかに生まれてくる。これって家庭料理も同じじゃないか、と考えたわけです。

中島　民藝という言葉自体は、柳宗悦がつくった言葉で、柳、河井寛次郎、濱田庄司は民藝運動の重要な担い手たちです。彼らが考えたことの根底には、日本の仏教、とくに浄土教の世界があって。今、土井先生がおっしゃられたように、美しいものをつくろうとするから美が逃げていく。それが自力という問題です。それに対して「用の美」。人間が器になったときに、まさにそこに他力としての美がやってくる。この浄土教の世界と、土井先生がおっしゃる「いじりすぎない」とか、「力まかせの料理はやめておこう」という世界観が深く結びついているんだなと思った次第です。

土井　まったくですね、料理というのは美の問題なんです。西洋でも、料理は芸術になりたかった。実際にそのような料理も生まれている。日本料理というものは芸術とはまた違うんですけれども、とにかく美の問題であるということには違いないんです。食材を選ぶとか、こういう夏野菜ひとつをとってみても、常に「ああ、ええ感じやな」とか「きれいだな」とか、これは目に見えてますでしょ。そういうところから美の問題が関わっているんだということです。そうするとね、なにからなにまで楽しくなってくる。

人間の条件の土台になっているのは、地球と労働

中島 先生がおっしゃったように、これが今まであまり注目されてこなかったというのは、料理というのはある種、残りにくいものですよね。食べちゃうものですから。

土井 そう、残らないんです。時間をかけてつくっても、あっという間に食べてしまいます。だからこそ、その料理することに意味があるんですけど、なくなるものをつくることが辛いのです。

料理は労働です。仕事と日常の労働は、線を引いて区別します。料理が労働だというのは、人間が生きることだけに必要な、身の回りの家事のことです。料理を中心にした掃除、洗濯という家事は、つくったものが形として残らないことです。それは大昔から、身分の高い人であれば、召使いにやらせるものというふうに考えられてきました。家事は簡単なことじゃないし、片手間にはできない大変なことなんです。考えようによっては厄介なものです。日本でも経済活動が忙しくなると、家事である家庭料理はお金に換

えることができないものとして、必要のないものというように考える人が出てきました。そうして日常の労働と仕事を区別するんです。仕事というのは、器のようにものとして残ってお金に換えられるもの。これは大きな違いです。

中島 そうですね。土井先生は以前ハンナ・アーレントに触れておられたことがありましたが、ハンナ・アーレントは、"labor" と "work" と "action" を分けたんですよね。「労働 labor」は生きていくためだけのもので、それよりも上位の概念に「仕事 work」があって、土井先生が今おっしゃったように残るものですよね。さらにその上に「活動 action」があり、これが他者と交わるような政治的なもの。そこには位相の違いがあるというふうに彼女はみなしました。

それは彼女なりに、公共空間で自分とは異なるものと交わりながら合意形成をすることが人間の条件である、という哲学だったのですが、土井先生がおっしゃっているのは、そうじゃないと。アーレントが「労働」とみなした日々の生活のために必要なものにこそ、人間にとって非常に重要な「活動」、自然と交わったり家庭と交わったりする生きとした人間の問題がある。そういうふうに先生はお考えなのかなと。

ちなみによく読むと、アーレントが「労働」の重要性とその聖性に目を向けていることがわかります。アーレントは単純に「労働」よりも「仕事」「活動」を重視した哲学者と見なすのはおかしいですね。

土井 そうなんです。たまたまハンナ・アーレントの『人間の条件』を読んでいまして、なかなか難しい本なので、そこまで読み取れていなかったかもしれないんですけども。ただ、そのときに國分先生が、ハンナ・アーレントのことをどこかで書いておられるのを読んだんです。するとまさに、人間の条件の土台になっているのは、地球と労働。これがやはり人間に欠かせないもの。もういやがおうにもやらなければいけないもののようにおっしゃっているんですね。それこそ、労働がぜんぶオートメーションにとって代わったときの人間というのは、人間じゃないんじゃないかという。『ハンナ・アーレント』という映画を観ますと、彼女が料理をする場面が出てくるんですね。そういう場面がワンカットでも出てくるというところに、この映画の意味をものすごく思いまして。

中島 なるほど。僕はそこは見逃していました。

土井 料理のなかに人間にとって非常に重いものがあるはずなんだけれども、それこそオートメーションにとって代わられるというか。出来合いの加工食品もありますから、簡単にはできる。現代人は食事の方法をいろいろ選ぶことができるのですが、労働の意味や、地球の破壊とか環境の汚染とか、その影響を学ぶことで、選ぶものが変わってくると思います。

和食の「和える」と「混ぜる」は違う

中島 今日は先生に二つのお料理をしていただきながらお話をしていただきます。

土井 はい、やりましょか。まず一つめはポテトサラダ。もう下ごしらえはできています。じゃがいもの皮を剝いて三〜四等分に切って柔らかく茹でたもの。私の場合は、さらし玉ねぎ（スライスした玉ねぎをさらし布巾に包んで塩揉みして、水のなかで塩気を洗って水気を絞ったもの）、きゅうり揉み、ハム（色紙切り）、茹でたにんじん、それと、夏だからとうもろこし、茹で卵を入れます。

こうやって待ってるあいだもね、見ているといると情報が多いでしょう。見ていたら柔らかさや、色の違いやバランス、「感じ」がわかるんですよ。マヨネーズを入れるときも、「入れます」と言わなくてもこうして見えてるじゃないですか。そんなに言わなくてもええと思って、私はいつもよそごと（他のこと）を話しながらやるわけですけども。おいしいものができる様子を見ていたら、料理上手になります。

ガラス鉢（ボウルのようなかたちのもの）に材料を適当にぜんぶ入れます。それからマヨネーズを入れて混ぜる。でも混ぜすぎてはいけません。混ぜすぎると味が落ちる。その混ぜ加減が大事なんです。今ぐらいの状態だとそれぞれの食材が汚れてなくて、見た目がきれいでしょう。みんながきちんと同じ物を食べられるようになんて、考えると混ぜすぎるからだめなんですね。味が落ちます。

和食では「和物《あえもの》」という料理があります。だから、和食では混ぜることを、和えると言います。和えると混ぜるは違います。料理の基本で、和物は和えたてを食べるということがあります。和食には、精進料理で「和え混ぜ」というのがあるんです。ぜんまいを薄味で煮たものと、きゅうり揉みとか、油揚げの焼いたものとか、胡麻と豆腐をつぶしたものをそのまま鉢に盛り込んで、自分で和えて食べるというお料理です。それは、調理を食べる人に委ねているのです。これは理にかなってて、それがいちばんおいしい。和えたてだから。

とにかく、和えて時間をおくと、ものはまずくなるんです。このポテトサラダも水分を含んでいるものが塩気を含んでいるものとあたりますと、とうもろこしでもにんじんでも水気が出ていくんですよ。出てきた水は自由水と言いまして、あとから出てきた水は雑菌が繁殖するんです。だから、水をどう考えるかがおいしさにかかわる。

中島　そこに入れる野菜は、やはり季節のものとか旬のものになるんですか。

土井　それは自由です。じゃがいもと、きゅうりとか歯切れのあるもの、そしてタンパク質のハム、にんじんは彩り、季節感はとうもろこしで出ています。春だったら、ここにア

じゃがいもの皮を剥いて
切って茹でたもの

卵はエッグカッターで
切って入れる

それぞれの食材の
色がちゃんとわかる

混ぜるのではなく和える

「これ以上混ぜたくない」
という状態

スパラガスや空豆を少し入れる。枝豆を入れたら秋っぽくなる。季節感で、それぞれ一年中できると思うんです。

和食では、実は「混ぜる」っていうのはないんです。ぜんぶ「和える」です。和えるというのはこうして、彩りがいちばん混ざったなと。これ以上混ぜたくないんです、私は。混ぜると均一になってしまうから。「ちょっとお父さん混ぜといて」と言ったらいつまでも混ぜているでしょ。学校給食だったら、みんな同じものが均一に入っていないとだめだから混ぜる。でも家庭だったら、今これがいちばんおいしい瞬間だということなんです。

これ実はね、フランスのリヨンでも今と同じような実演と講演をしたことがあるんです。そのとき、和えるという言葉は初めて聞いたと言われた。たまたま東大卒のフランス人のアドリアンさんが通訳をしてくれて、彼は「和える」を“harmonie”（英：harmony）と訳してくれた。すばらしいですね。“mélanger”（英：to mix）と“harmonie”は全然違うというふうに。そうするとフランス人たちはそれがわかってとても喜んでくれた。

器に盛ったときにいちばんおいしい状況をつくる

土井　食卓であればこのガラス鉢のままでいいですが、これを盛ろうとなったら、また混ぜることになるじゃないですか。だから手前で止めておいて、器に盛ったときにいちばんおいしい状況をつくりたい。

それから、器をどっちにしようか。夏の盛りだったら透明のガラスでもいいけれども、ちょっと色ガラスを使ってもいい気分じゃないか。このへんがね、季節感と器との関係性を楽しむことになってくる。……こっちのほうがいいな……（ランチョンマットの選択）。こうやっていろんなことを考えるんです。サラダと器の関係性、器と背景にあるマットとの関係性。常にはたらきかけ合ってるんですよ。これが美の問題ということです。

こうやって私待ってるんですよ。サラダが落ちるのを。地球の引力というものを私は感じているということです。このまま無理にやるとバラけてしまうけど、落ちるのを待ちながら、少しコントロールするわけです。ポロックのアクションペインティング（キャンバスを床に置き、直接絵具を滴《したた》らせる技法）みたいなもん。どこかでコントロールしているんです。

子どもたちの学校給食でも、クラスの生徒数が少なくなってくる時代なら、四〜五人分ずつ自分たちで混ぜなさいとしてみたらいい。混ぜる行為は、お料理に参加することなんです。あとはこうしてレモンを絞ると、酸味を所々で感じることができて、生き生きしますやん。大人だったら黒胡椒をかけたり、場合によっては少しオリーブオイルをたらす。今最後にやっているトッピングはぜんぶ、食べる人が調理に参加しているということ。今ちょっとこっちに崩れそうですけど、それくらいふわっとしたもんですよ。これを固めたら、収まりはいいけどしたくない。

中島　土井先生の料理の重要な問題は「むら」ですよね。むらがある料理がどうおいしいのか、ということで、たとえばこの前「おかずのクッキング」で、パプリカを料理されていたときに、パプリカをフライパンに入れてもいじらんように、と。じっとしといたらよろしいとおっしゃるんですね。下の焼いているところは柔らかくコクが出る、それに対して上のほうはフレッシュなものが残る。このむらこそがおいしさをつくっているんだという。

土井　パプリカというひとつの食材で、焦げ目がついて香ばしくなったところ、ほんとに火が通って柔らかくなったところ、ちょっと半生《はんなま》で、ちょっとガリっとしているところ。ひとつの食材のなかで何種類かの食材を混ぜているのと同じなんです。みんな均一にすることがよいと思っているけども、決してそうではなくて。切り方も、私は料理人の修業をしていたとき、自分は、ミリ単位でも、絶対にきちっと乱れなく切ることを決心したんです。でも、家庭料理では、わざとアトランダムに切ったり、ばらばらに切る。上

関係性を考えて
器とランチョンマットを選ぶ

サラダが自然に
落ちるのを待つ

崩れないように
少しコントロールする

レモンを絞る

黒胡椒をかけて、
オリーブオイルをたらして、
完成！

手でないほうがおいしいものができる。いろんな食感がある楽しさ。これが全然違ってくるんです。

中島 それがポテトサラダのときにおっしゃられた「混ぜすぎない」。混ぜると和えるとの違いかと。

土井 「むら、不揃い」、これはとても、日本的な感覚ですよね。

食材は頭じゃないところを使ってどんどん選ぶ

中島 ほかにも、グリーンサラダを説明されているときに、やはり混ぜすぎてはいけないと。水切りの器具を使わない、なぜなら素材を傷つけるからだと。混ぜすぎて素材を傷《いた》めてしまうことに非常に気を遣われていると思います。

土井 素材って、ものすごく感じるんですよ。今のトマトって、皮が薄くなってしまっているけども、これをこのままかじろうか、スライスして出そうか、あるいは湯むきして、くし切りして冷蔵庫で冷やそうか。ひとつのトマトを生で食べるのでも、いろいろとある。この選択がすでにクリエイションです。

私たちがこれをどうやって買うかといったら、朝に中央市場に行って、ぱっと触ってみるんです。そして冷たかったら、それは冷蔵庫に入っていたもの。だから私にとって料理のなかには予測が入っている。
触れなくても、固さ、おいしさまでわかる

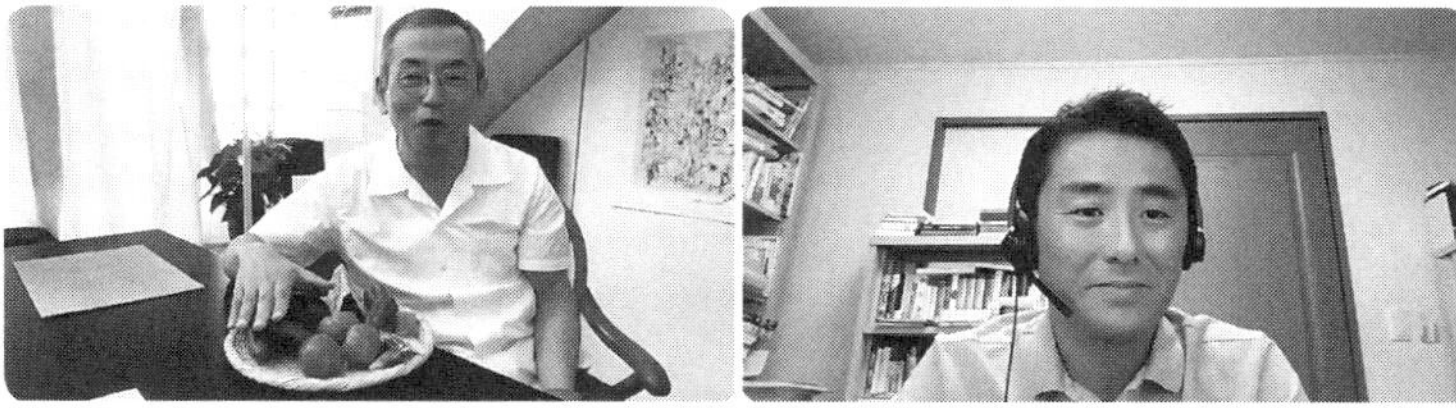

はゼロ点です。親しくなってくると、だんだん厚かましくなってくるので（笑）、下のほうから箱を出して勝手に開けて、今日入荷したものを買う。それが、物を自分で買ってくるということ。「もの買ってくる、自分買ってくる」という河井寛次郎の言葉がありますが。いろんな買い物があるけれど、なにを選ぶかが大事。

きゅうりもいろんな種類がある。でもそのときになにを思うか。昔ならトゲトゲがあって、トゲが刺さるから、あるいは生産者の人が痛いから、トゲをなくそうと。あるいは、ブルームという白い粉がふいていたら農薬かと言われて嫌われる。だから今のきゅうりには、トゲとかブルームはなくなりました。そういうきゅうりでも、皮が薄いのがおいしいんです。私はある程度、見たら触らんでもわかるんですよ、皮が薄いということが。見てわかって、触れて、これは間違いないなと思って買う。おんなじものでもいろいろあるんですが、頭じゃないところを使ってどんどん選んでいくんです。

素材を選ぶのは、自分が素材を見て、味を予測しているわけですね。そしてそれを買ってくる。男の人も「お父さんが買ってきたきゅうりおいしいね」と言われたら、鼻高々になるでしょう。「そやろ、俺の目に狂いはないんや」と。料理のなかには予測が入っているんです。そこで大事なポイントは、お父さんは、なんでそれがわかるようになったのか？　なんです。子どもはまだそれがわからない。お父さんにはわかる。これが、料理をすることの大きな意味のひとつですね。

中島　そうですね。

土井　お父さんは、無意識でも経験の蓄積がものすごくなされていて。自分の無限の経験と今目の前にあるものから受ける刺激を重ねて悟性がはたらくんです。感性は感覚所与の違いを発見する能力ですが、悟性は経験と重ねて確信的にわかること、それが予測です。これはだいたいこんなものや、と、見たらわかる。触れなくても、固さまで、おいしさまでわかる。そういうものが、食べる経験で、体の神経のどこかで定数として残る。それが物を判断する基準になるんです。

基準や比較対象がなかったら、なにも判断できない。判断するトレーニングを、朝、昼、晩、ずっと子どもは大人になるまでやるんです。これが非常に重要な問題として、家庭料理に含まれているんです。でもその経験は、自然と自分のあいだにある。自然と人のあいだにある。このあいだハートマークで書いた関係性です。

いつも変えられるのが本物です

中島　土井先生がおっしゃっていることで非常におもしろかったことは、献立というのは料理名から入るのではないと。その日の天気、気分、体調、素材から今晩なにをつくろうかというのを考えていく。服を選ぶように、お料理を決めていく。お店で実際に素材を見てきれいだなと思ったら、そこからお料理を考えていく。私たちはどうしても、このレシピでこれをつくるんだということで身構えて、それでものを買いに行くと見えなくなるものがあるかもしれないですね。

土井　先に結果を考えていると、自分の感覚所与をほとんど使わない。結果がレシピのようなもので決まっているとしたら、それは料理をしていることになるのかということですよね。私でさえ自分のレシピを利用すると、感覚を使わなくなります。なにかに頼った瞬間に自分はサボりだす。自分のレシピであるとしても、レシピどおりつくったとしたら、それは七〇点以上にはならない。自分の感覚を使いながらつくると、一〇〇点、あるいは一二〇点のものが出てくる可能性もある。

中島　先生は、レシピはあくまでも目安だと。雨の日と晴れの日で入れる分量は違ってくるでしょう、とおっしゃっていて、それを感じる力というんですかね。

土井　さっきも言った美の問題というのが、ちょうどよい加減というものです。それは自分ひとりが決めるんじゃなくて、空を見上げて、今日のお吸い物は塩で決めるのか醬油で決めるのかという、これを感じて、その気分で味を決めるわけです。これはいつも違うんですよ。だから、プロの料理人は毎日同じ仕事ができる、ぱっと握ったら米粒を何粒握れる、というふうに言うけれども、それがいいんじゃなくて、いつも変えられるのが本物です。いつもちょうどよく、相手の顔を見て、「ああ、ちょっと……」ということで握りを変えるとか、水加減を変えるということが、なにか頭で考えるのではなくて、「想う」ことにすごく大事なことがあるんです。

中島　それが、土井先生の料理が自力の料理じゃないというんですかね。力まかせに料理をやるのではなくて、今日のテーマなのですが、自然に沿うということですね。自然のほうからやってくるものとどう呼応するのか、という人間のあり方ですね。よく先生は「だいたいええ加減でええんですわ」とおっしゃっているんですが、この「ええ加減」というのは、実はすごく前向きでポジティブな、すごく哲学的な、ハーモニーという意味ですよね。

土井　オー、うれしい。ありがとうございます。

自分がおいしくするということはできない

土井　自分ひとりではなにもできない、ということを知っているということだと思うんですよ。だからなんでも自分の思いどおりになると考えるのは、たとえばケーキとかパンのように、粉や液体のように正確に計量できるものを扱う世界。それでも厳密には同じじゃないんですけどね。それはヨーロッパの科学的思考で、いつも正確に分量をはかって、温度も適正で、ちょっとでも狂ったら違うものになるのは困るというのは、ロボット的ですね。

日本は自然中心主義ですから、そこが違う。和食では、いつも変化する自然に、基準どおりにお願いしますって言えないでしょう。どうなるかわからないのが自然で、自分も自然の一部として変化することでしか対処できません。

中島　だから、どこからかやってくる力との呼応が先生の料理であるようにみえるんですね。ひとつは自然からやってくる力。自然の力をどのように自分と呼応させながら料理ができあがっていくのか。もうひとつは、うしろからやってくる力、歴史との呼応だと思います。死者たちと言うんですかね。和える文化とか、これまで先人たちが、とくに家庭料理の場合は無名の死者たちが積み上げてきた経験知が、土井先生のところにうしろからやってきて、先生を押すように料理が生まれていく。

土井　まったくそのとおりです。常に、一定の条件を満たすことで、人間は自由になれるんです。自由にまったくなれないということではないんです。その条件というのは、変化する自然に接する経験や知識、調理の基本と言われるものです。和食なら食材に触れる前に、手を洗うといったことがそれです。食文化も歴史の蓄積の結果であるし、人間が自然と共存しながら、穏やかに豊かに生きるためのものです。これは、意図してできるものじゃないから、一度滅びてしまったら取り戻すことはできないんです。

中島　土井先生の料理を見ていると、日本人が里山にちょうどいい具合に手を入れながら山を治めてみたり、あるいは空海が満濃池《まんのういけ》という池の補修を指導するのですけれども、治水も土井先生の料理とよく似ているなと思うんですよね。自然をガチガチにコントロールしようとするのではなくて、自然に沿いながら、力を分散させたり、ある方向に促したりしながら人間との共存を図っていく。そういうやり方が日本の伝統のなかにはあったと思います。近代主義は、人間の力によって一方的にコントロールしようとする。近代的理性を過信するのではなく、大いなる力に沿いながら生きていく。そこに空海の土木と土井先生の料理に共通する観念があると思います。

土井　近代以前の自然に対しての知恵はものすごくて、日本家屋を見ても、ぜんぶ人の手は

一定の条件を満たすことで
人間は自由になれる

自然の力と歴史の力に
呼応して料理が生まれる

入っているけれど自然物でできている。曲がった自然物の形をいいなぁと認めて生かしたり、竹の格子もぜんぶ太さが微妙に違う。ゆらぎのある不揃いな物を、それなりに用いることで、情緒とか風情が生まれてくるわけです。

料理は食材との対話だという言い方がありますが、たとえばこのように野菜を並べるのでも、整列しなくとも自然だから同じじゃなくてよいというところに美しさがある。今みなさんが感じている料理観というのは、もしかしたら自分で違う味をつくる、おいしいものをつくる、クリエイションをしようというものかもしれない。でも和食に関しては、人間がなにかすると自然美を壊してしまう。結果を求めない、作為なく結果として生まれるおいしさは、おのずから生まれるご褒美だと思っているんです。そのプロセスのほうが大事だという意味です。

日本の酒や味噌づくりのマイスターは、このうまい酒は自分でつくったと言うようなことは強く戒めなければならない、と言い伝えられていて。まさに、できるものということですね。

杜氏は微生物が生き生きとしている環境をつくる仕事、手当てをしてケアしてお世話することしかできなくて、人間がおいしくするなんてことはできない。

中島　丸山眞男は「『である』ことと『する』こと」という有名な文章を書いていますが、それは自然と作為の問題で、彼は近代主義者なので、一面違うところもあるのですが、やはり「である」ことではなくて、「する」こと＝作為が人間には重要だと。自分たちが意思をもち、主権者としてなにかをつくり上げていくことこそが、私たちの民主制において重要だと言ったんですけども、私は、作為ばかりの世界が民主制を危うくしてきたのではないかと考えています。もう一度、自然に謙虚なあり方、自然に沿うあり方が、逆に人間の主体というものの重要なエッセンスにあるんじゃないかと考えてきたんです。だから先生がおっしゃることは、政治学や民主制にとっても非常に重要なことがあるんじゃないかと思っています。

パプリカを手でちぎる

中島　私は、土井先生がテレビで料理をされているところを見ていると、手が気になるんですね。「おかずのクッキング」でパプリカを手でちぎっていらっしゃって、「ワイルドですね」と言われてらっしゃったんですけど、たぶんそれによって感触を確かめたりしな

自分の手で割っているのですけど、パプリカそのものが、
すでに割ってもらいたがっている気がします

がら、パプリカと対話をされているように感じたんです。あるいは、塩もいきなり振るのではなくて、一度手に移してから振ってらっしゃったりする。手と料理との関係はどのようなものだとお考えですか。

土井　まさにね、いいところを見ておられますね。パプリカも力ずくでやってしまうと、コントロールになる。手でちぎるのは力ずくじゃないいんですよ。パプリカって硬さが絶妙でジューシーで、かぶりつきたくなるでしょう。その特性を感じるから、手で割るほうがおいしいんじゃないかと思ってやっています。自分の手で割っているのですけど、パプリカそのものが、すでに割ってもらいたがっている気がします。だから、自然と人の共同作業であるということは間違いないですね。和食的だと思います。

今まで話をしていて、観てくれている人たちには、料理をなんでも同じじゃなくて、西洋的思考の料理と日本的思考の和食とは全然別なものだということを、知っておいていただきたい

のです。真逆な世界です。ひとつの食材を見ても、アプローチが違います。その背景にはちゃんと日本のスピリットと西洋の哲学があるんです。

中島　そこで僕がおうかがいしたいのは、土井先生にとっての道具です。さきほどポテトサラダを盛り付けるときにも、引力と自分との呼応だとおっしゃっていましたが、そのときに大きめのスプーンを使ってらっしゃった。僕はいつも、土井先生が菜箸などを使ってらっしゃるのを見ると、その道具が手のようになっていると言うんでしょうか……。

土井　そうですね。たとえば箸先でこのテーブルやガラス鉢に触れてみる。すると、素材の微妙な性質の違いさえ感じ取ることができます。この箸先に自分の神経があるわけです。

和食では触覚的な楽しみをすごく重要視します。味覚よりも大切にしているようにさえ思います。皮付きだったらガリっとかじるのかもしれないけど、皮をむいたらもっと優しくシャキシャキした感じになるのかもしれない。それを湯がいたら今度は厚みにもよりますが、もっと優しいフワッとした感じかもしれません。食材の性質に対して、ちぎり方、切り方、大きさで、まったく違うものに変わるのです。冷たい、熱いという温度も触覚でしょう。和食の極意として「熱いものは熱く、冷たいものは冷たく」と言いますが、熱いことがおいしさになっているわけです。熱いと、味はわからなくなるものです。

オノマトペ（状態や動きなどを音で表現した言葉）として触覚を言語化しているでしょう。だからうどんを食べているときにはツルツルと表現して楽しむ。そうめんはスルスル、蕎麦は、ズーッかな（笑）。それは食べる音を聞いて気持ちいいんじゃなくて、触覚的なおいしさを人に伝えるときに使う言葉ですね。

中島 先生が料理番組でお話をされているときは、菜箸でツンツンと触ってちょっとカリッとしている感じとか、まさに道具が手であるかのような、そこに神経がいっているかのようような。

縄文の人はマイカップを持っていた!?

土井 このお椀とかでも、これがスープカップだったらよく耳がついていたりしますよね。コーヒーカップもマグカップも持ち手がついている。でも和食の道具にはそれがないでしょ。ということは、このように手や指が取手になるんです。

日本人はお箸とお茶碗は属人器と言われますが、自分のものじゃないと嫌な気がして、使わないでしょう。このマイカップという考え方は、すでに縄文の人がマイカップを持っていたと思うんですよ。縄文の人にしてみたらこれは神様です。命をいただくお椀で、一滴の汁も漏らさない椀を、自分のものとして大切に持っていたんじゃないでしょうか。

ご存じの方もあると思いますが、出雲のぼてぼて茶や沖縄のぶくぶく茶は、小さな具を刻んで椀に入れてきめ細かく白く泡立てたお茶を入れて、箸を使わずくるりと回して食べるのです。そういった大昔の振る舞いが、もてなし文化として伝承しています。それが稲作と結びついて、お茶碗を手に持って食べるという日本人の作法になると思います。私たちの手は、椀や鉢とつながって、道具化しています。

中島 古代の人たちは、今生きている人たちよりも、土器にある霊力を感じていたんだと思うんですね。そこにものを入れて火で茹でると、なにか食べるものになるというのは、私たちは科学的な分析をしてものを言いがちですが、それ自体が非常に霊的な存在だった。だから大切にしたのだと思います。なので、僕も昔から気になっていたのは、日本人って食器を持つ文化ですよね。手で食器に触れながら食事をする。外国では、直接皿を持つとみっともないと言われる。

土井 怒られますよ。でも、幕末の侍（文久遣欧使節）がヨーロッパに行ったときに、着物姿の日本人の立ち居振る舞いを見て、彼らは立派だと、感心されたようです。それは、ナイフとフォークを使って上手に食べられなくても、堂々とした姿というのは美しいんですよ。美しい力というのは、全然わからなくても人は認めるものでしょう。

中島 僕は若いころに研究で三年間インドに住んでいたのですが、インドは直接カレーを手で食べるんですよ。これに慣れると、スプーンを使って食べるとまずく感じるようになるんですよね。

土井　ああそれはきっとおいしいんでしょうね。手で食べるのは、したことがありません。世界には、ナイフとフォークで食べる、お箸で食べる、手を洗って食べるという、三つの食べ方があります。インドではちゃんと手を洗って食べる。だから、衛生管理がそれなりに食文化のなかに入っているのでしょう。

中島　インドで手で食べていると、手つきのきれいな食べ方というのがあるんですよね。

土井　ありますよね。わかります。ヨーロッパにいると、ナイフとフォークの使い方が本当にきれいだなって、見惚れていました。かっこいいなと思って、真似ようとしますが。須田菁華《すだせいか》という陶芸家のおじいちゃんとご飯食べたら、あの人なんでもけっこう手で食べてはるんです。これは私が真似できないんですよ。でもそれが、違和感がないんです。詳しいことはわかりませんが、ずっと家でそのようにしてきたんでしょうね。須田さんは、手のほうがうまいとおっしゃっていました。伝統的な仕事を守っている人たちの暮らしは、自然との距離が近い。昔ながらの箸を使わない食べ方、振る舞いが残されているのかもし

お椀では手が取手になる

れません。伝統的な仕事をしている方の背景には、必ずいいお料理があると勝手に決めています。

カンカラカンカンカンと煮詰める

中島 ここで二つめのお料理をお願いして、そのあとでみなさんの休憩時間としようと思います。二つめはどんなお料理ですか。

土井 ここでは新芋を二通り煮て、盛り付けを見ていただきます。そこで料理の意味（目的）や盛る意味をお話ししたいです。

これは小芋《こいも》、里芋のことです。関西の言い方かもしれませんが、昔から、芋と言えば里芋のことです。関西で里芋とはあんまり言わず小芋と言います。小芋は稲作よりも昔から食べてきたもので、芋のつき方が、親芋に小芋がついて、さらに小さな孫芋がつくところから、子孫繁栄で縁起のよい芋とされてきました。

この芋で二通りの煮物をつくりました。小芋の煮物と言っても、みなさんの頭のなかには、どんな煮物を思い浮かべられるでしょうか。それぞれが違う煮物を思っているかもしれません。煮物を二種類つくりましたが、「煮転がし」と、こちらは「含め煮」です。

この二つは、まったく目的が違います。含め煮は、皮を厚めに包丁でむきとります。このように六角形にむくことを六方むきと言います。これがもとの小芋。煮転がしのむき方は、表面の茶色い皮だけ削るように、こそげると言いますが、テーブルナイフや包丁の背でこそげると新芋なら簡単にきれいになります。煮転がしのほうは、食べられるところは無駄なく食べてしまいますが、含め煮は、最初から分厚く身も一緒にむいて、食べられるところもある程度捨ててしまいます。六方むきにした芋と皮をこそげた芋では、姿形が違うのは、そもそも調理の目的が違うからです。

それぞれの炊き方、まずは「小芋の含め煮」です。六方むきにした芋は、まず、米のとぎ汁に入れて火にかけ、柔らかく下茹でします。米のとぎ汁で湯がくのは白くするためです。白くしたいときフランスなら小麦粉を溶いて湯がくこともあります。完全に柔らかく茹でて火を通します。茹で上がれば、柔らかくなっていますから芋が割れないように、そっと水を注いで、とぎ汁を洗います。次にカツオと昆布でとった出汁に塩味を付けます。味付けは「吸い加減」と言いますが、お吸い物のように飲んでおいしいという感じを基準

もとの小芋

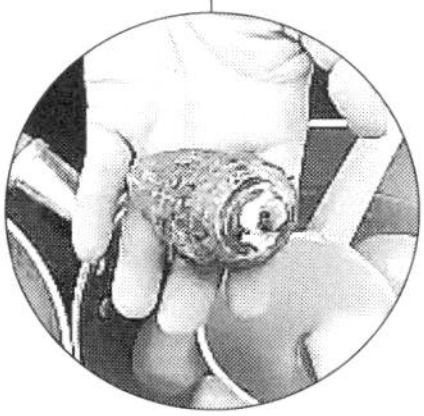

左が煮転がしで、右が含め煮

にして、それよりちょっと濃いくらいの加減です。味付けた出汁に芋を入れて、次に沸騰してから、芯まで熱くなるのにだいたい五分と考えて、五分経てば火を止めます。煮上がりは小芋がだし汁のなかでぷかぷか浮いています。このまま煮汁に浸して冷まします。冷めるあいだに浸透圧がはたらいて、出汁が芋のなかまで入ります。たっぷりのだし汁を使った料理です。

昔ならだし汁をたっぷり使う煮物はとても贅沢です。しかも料理屋でしたら、この出汁みんな廃棄してしまうんです。食べられるところも皮をむくときに捨てているし、栄養がありそうな小芋のぬめりも水溶性のビタミンも捨てていることになります。芋の味も栄養もなくなります。それにかえて、出汁の味を含ませるのが含め煮です。芋の味をそっくり入れ替えることになります。その意味はあとで話しますね。

「小芋の煮転がし」のほうは、皮をこそげた芋を鍋に入れて、油で軽く炒め、かぶるくらいの水またはだし汁を入れて、中火で落とし蓋をして煮ていきます。芋を茹でるのと同じですから、そのまま、ずーっと煮詰めていきますでしょ。そして途中でお醤油とお砂糖を入れて、最後まで煮詰めたら、こういうふうにカンカラカンカンカンと煮詰まった煮汁を芋に絡ませるんです。

煮転がしのほうは茶色い醤油色してますけど、割ってみると、なかは芋の色そのまま

「カンカラカンカンカン」と煮詰める実演

煮転がしを割ったところ

で白いんです。こちらは芋そのもの。ねっとりとした感覚が今箸先に伝わってきたんですけど、わかりますよね。ほんとに、これは見ただけでおいしいなとわかるでしょ。なかには味が付いていない、ただ湯がいただけの状態で、それで砂糖と醤油が外側に絡んでいる。それは、みたらし団子と同じで、なかの餅には味が付いてなくて、甘辛いあんが絡んでいる状態です。芋そのものを食べるのは、芋の煮転がしで、これが、旬を食べるということで、普段の暮らしにある楽しみ。掘りたての芋なら、皮も簡単にむけるし、手もかからないものです。

ところが、小芋が獲れたときに、お母さんが料理学校できれいな含め煮のつくり方を習ってきて、これをつくったとするでしょ。そしたら、「なんでこんなことすんねん。せっかくの新芋やろ」ってなる。こんなんしたらおいしないいうことです。そらそうですよね。要するに皮をきれいにむいて、下茹でして、たっぷりの出汁で煮た「含め煮」は普段のおかずにはならないということです。

日常の煮転がしと非日常の含め煮

土井 これが、和食における日常の料理（煮転がし）。これが非日常の料理（含め煮）。含め煮はハレ、煮転がしはケですね。

ハレとは、お祭りやお正月、お祝いなど特別な日のことです。で、普段（日常）は軽重は違いますが、ケハレの両方があって、ちょっとした楽しみが日常にもあるわけです。初物のおいしい芋を炊くということが、日常のなかのハレですわ。そして、弔《とむら》いとしてのまったくのケがある。三つに分かれるということですね。ハレとケは対立しているけれども、日常には両方がある。こっち（含め煮）はハレのお料理です。ハレのお料理は、人間が食べるのではなく神様へのお供え用につくっているから、とにかく白く透明にきれいにするということだけを考えている。だから、清酒もきれいに、雑菌を寄せつけないで清らかなお酒をつくる。

そしてこれが伝統的な、日常のなかで使う器。これは「くらわんか」といって重いんですよ。船の上で使うような、重くて安定がいい。だからなんでも盛れるんです。ここに盛り付けますよ。盛り付けやと言っても、こうして鍋からひっくり返してるだけ。この日常の器が民藝的な器です。だから、今はぜんぶ入れたけれど、三個だけ入っていても美しい。幅があるんです。

そしてこれは工芸的というか、きれいな器。青磁やから。器は高台が重要だと言いますが、その意味は、高台はまさに利他なんです。一生懸命、おもてのために、ここにのるもの（食材や料理）のために、下で足を踏ん張ってるのが高台です。こちらの青磁の器の高台は小さいでしょ。向こうの器（民藝的）の高台はこんなにおっきいんですよ。民藝的な器は、なにを入れても安定している。でも、青磁の器にたくさん入れたら、不安定ですからバランスが悪い。工芸的なものは非日常的な、お客さんのためにあるものだったわけですよね。それをお祭りの日に使うという。

民藝の器ははたらく器、工芸的な器は、場に応じてお洒落しているということになります。このくらいで、あしらいという青みが、ほうれん草の湯がいたものとかがちょっとあって。そしてこれは最後に、季節をあらわす天盛《てんも》りとして、みょうがを刻んだものを添えます。季節天盛りは、季節感をあらわすことにもなりますが、これをのせたことで、人間がここから消えてなくなる瞬間なんです。ここに人間が残っていたら、気持ちが悪いって前回の対談で言ったのは、このことです。

日常にはケハレの
両方があります

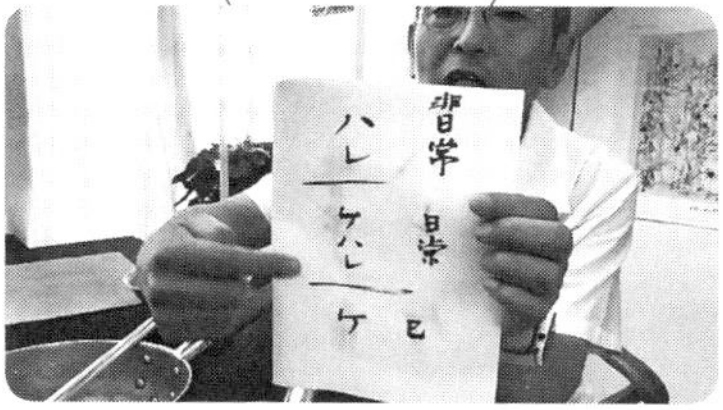

中島　青磁に盛ったほうのものがある神聖さをもっているのに対し

て……。

土井　青磁のほうが上等な感じでしょ。

中島　もうひとつのほうは、大地にどっしりしていると言うんですかね。

土井　みんなそっち（青磁に盛った含め煮）にだまされてしまうんですよ。これ（煮転がし）はね、「もうお弁当茶色かったらいや」みたいなことを言うから、世の中のお母さんもみんなこっち（含め煮）のほうのお料理をしたくなったんですね。人間って常に自分にないものを求めたり、ええ格好なほうにいくわけです。

私は、こういう芋の味がする、煮転がしがおいしい。含め煮は改まったお酒のある席によく似合う。お正月にはこういう炊き方もしますよ。でも日常は煮転がしでいいわけです。こっち（含め煮）は栄養価が低いですが、こっち（煮転がし）はぜんぶ残っています。これ（煮転がし）が一物全体という昔からの日常の暮らしのなかにある言葉で表されるような料理です。

含め煮は洗練という方向です。栄養も、煮転がしが一〇あるとしたら、含め煮は三くらいしかないんじゃないでしょうか。でも、栄養学だと、こっちの芋もこっちの芋も、同じ一〇なら一〇の栄養評価をされている。季節や調理法による区別はなされていません。まったく正しくないと思います（笑）。

くらわんか皿に煮転がしを
大胆に盛り付ける

一方の青磁の皿は、
高台が小さいハレの器

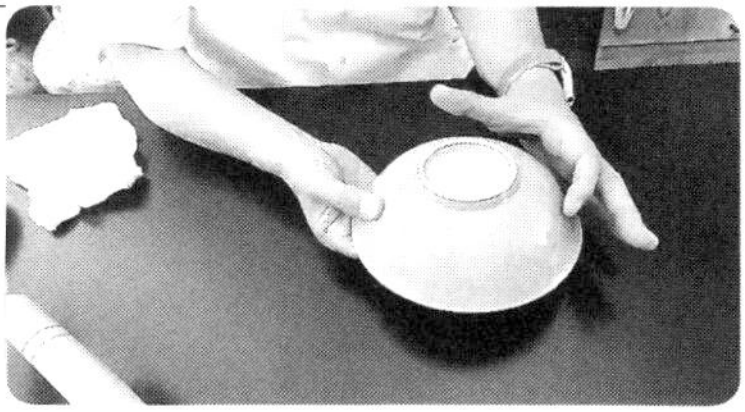

青磁の器に含め煮を
少量盛り付ける

天盛りとして
刻んだみょうがをのせる

日常の煮転がし（左）と
ハレの含め煮（右）

中島　先生がお書きになられていたことで、いわゆる料亭の割烹のような和食と家庭の和食は根本的に考え方が違うと。料亭の和食は、素材からいったん味を抜き取って味付けをする。その技を見せる場所であると。それに対して家庭料理は、自然の味をどう生かすのかという料理であると。

土井　たとえば結婚式なんかでも、もともと家でつくっていたものを料理屋が代行するようになった。ハレの料理をつくる代行が料理屋の仕事やったわけですね。そこから今でも料理屋というと、手のかかった、家ではこんなものつくれないというものをつくるというものになった。全然違う立場だというのは当然ですよね。高いお金を出して、家とおんなじもんが出てきたら怒るでしょ（笑）。

中島　そうですね（笑）。ちょうど一時間経ちましたので、このあたりで休憩時間を入れようと思います。

――お話がむちゃくちゃおもしろくて、先生の料理される手つきを見ていると、自分も今すぐに家に帰って料理をしたくなってきます。

土井　お芋の煮転がしなんて、誰でもできますよ。そして、こんなこと教えたら料理研究家の仕事がなくなりますけども、これは万能なんですよ。

中島　盛り付けるときに、ふっと片方の手を添えながら世界を整えている感じが、ああなるほどなぁと。僕はガシャッとやってしまっていたなと。

土井　添えるというのがものすごく大事です。両手で仕事するということです。

休憩

澄んだらうまいことといってる証明

中島　先生は、「きれいな料理」、「きれいな生き方」、あるいは「澄んだもの」、「濁らないもの」を料理で重視されていて、それに気をつけるようになると、味噌汁の味とかがだいぶ変わってきたんですよね。

土井　それはもう、たいしたもんですよ。ちょっと意識するだけで変わるんですよ。

中島　濁らないようにつくると、すっきりと素材の味がストレートにきて、おいしい味噌汁ができて。

土井　きれいにすることで、おいしさが際立つんですね。非常になめらかで、雑味がない。きれいにアクを取るということは、なかにおってもらったら困るようなものを除くことです。濁るということは、火加減やアク取りがうまくいかなくて、粒子のコロイド状の不純物が残っていること、それは雑味として感じます。きれいに澄むということがとにかく大事なことです。澄んだらうまいことといってるという意味で。だから濁ると、「すみません（澄みません）」って、謝らなあかんのです（笑）。

中島　僕は、土井先生が味噌汁の出汁はとらなくていいとおっしゃっているのを読んで、なるほどなと思いました。味噌汁は出汁をとるから味噌汁になるんだと勝手に思い込んでいたのですが、出汁をとらなくなってから、素材の味がポーンと入ってくるようになって。

土井 味噌を湯に溶けば、味噌汁です。このごろは、ブロッコリーとか冬瓜とか湯がきますでしょ。冬瓜を茹でたら、茹で汁にちょっととろみがついてたり。ブロッコリーの茹で汁はちょっと緑色になってたりするんです。そこにそのまま味噌を溶いたら、ブロッコリーの香りがある味噌汁で、ブロッコリーがかたまりで入っている。茹で汁にそのまま味噌を溶くことで、冬瓜の味噌汁ができる。

より一層おいしくしようと思ったり、健康のことを思ったら、昆布を刻んで入れておいたら昆布まで食べられるとかね。理想の出汁は風味とか香りよりも土台にある底味《そこあじ》をつくりますから、またおいしくなる。でも底味がおいしすぎると、味噌の味と喧嘩しだすわけです。料理はすべてバランスです。出汁というのはいつも控えめで素材を生かすという、そこまで考えられたらいいですよね。

中島 これは、昔からこういう味噌汁のつくり方だったのですか。あるいは先生のなかでどこからか変わってきた部分があるでしょうか。

土井 変わりましたよ。以前は、味噌汁は出汁をとってつくるもので、出汁は濃いものがおいしいと。フランス料理なんか下手にやってたもんですから。フランス料理って、スープストックをつくっておいて、それを使って重ねて、濃いスープストックをつくる。だから出汁も濃いほうがいいって思っていたし、なんでもうまいものがいい、なんでも出汁が基本の立場にあったんです。

でも、そんなに頑張っても、家の味、頑張らない味にはかなわないことに、気づいたのです。

中島 そうだったんですね。

土井 切り干し大根ひとつ炊くのでも、出汁をとって炊いてたんです。ほとんどのレシピでは、切り干しを油で炒めて、出汁を入れて、味付けて煮ていくんです。重い、切り干しでご飯をおかわりできるくらいの濃いものをつくる。うま味の濃いものをつくる。昔は肉とかが食べられなかったから、もうちょっと身になるもの、カロリーを上げないといけないということでね。

戦後の昭和三十一年くらいにフライパン運動というのがあるんですね。日本人の栄養改善を目的にして、油を使って調理する。日本のどこでも、田舎でもリヤカー引いてプロパンガスを運んで、婦人会が中心になって、日本の健康改造運動ですね。エネルギーが足らなかったから、脂肪分カロリーを油で補って、昭和五十年くらいに栄養素のバランスがとれたんです。脂肪もビタミンも。それを日本型食文化の完成だと喜んだのはつかのまで、ずっとそれから脂肪オーバーのメタボな生活習慣病の時代に入っていくわけです。

切り干し大根にまで油を使うというのは、私の父のレシピを見てもそうなっていて、私も二十年前くらいまでは油で炒めてから切り干しをつくっていたんです。自分自身、油を使った切り干しとかひじきは重いから好きじゃなかった。今は油でも炒めない、出汁も使わない。切り干しから出てくる戻し汁は出汁ですから。そこに油揚げと赤唐辛子を一本入れて、そのまま味付けして、薄味で醤油とお砂糖を少し入れますが、今私がつくる切り干しは軽くて歯ぎれを残して、おかずにもなります。

自然と人工のバランスがちょうどいいところがええ加減

中島 先生は、シンプルにしていくことは手抜きじゃないんですよ、とよくおっしゃいますよね。

土井 日本的な和食は、なにもしない、結果を望まないということだから、そのまま受け取ることをよしとしていますので。おいしいとかまずいとか関係ない。そのまま、今年は雨が多かったから味がのってないなとか、ずっと日照りがつづいたから、野菜が育ってないから固いなとか。それを感じることが、今年の季節、今を味わうこと。そして、自然と一緒に生きるということを生活者は実践しているんです。

中島　おそらくこれまでの料理は、和食ですら人間の過剰がそこに出ていたんでしょうね。

土井　人間がもうそうなっているので。そういう価値観をどこで学んだかというと、西洋の料理もそうだし、西洋的になにか進化しなければならない、進まなければならない、変化しなければならないということを私たちは刷り込まれて、今まさに和食までそういうふうな方向になりつつある。

　家庭料理でも、手をかけることが愛情やと思い込んでいます。「おいしさはひと手間ですね」って、よくテレビのアナウンサーが言っていましたから。あんなん嘘ですと言ったら、もう誰も言わなくなりましたけど。手をかけることに価値があると思い込んでいたんでしょう。昔の日本人のように自然に目を向けて、なにもせんでええねん、ほらおいしいやろという感じがあるといいなと思うんです。

中島　土井先生の料理の重要な哲学が、ある否定形で語られるということですね。

土井　それは現代が過剰になっているからです。「混ぜない」とか、「味を付けすぎない」とか。「しない」ということです。ええ加減というのは、たとえば豚の生姜焼きでも、ちょっと下味を付けた豚肉にパッパと粉をまぶして、ついてないやないかというところがあってもええんですよ。でも、粉がついているところとついてないところでバランスがとれる。肉感を感じるところと粉のついたつるっとしたところ、そして、うま味が滲み

シンプルにするのは
手抜きじゃないんですよね

和食は、結果を望まずそのまま
受け取ることをよしとします

でるところとそれぞれの持ち味をキープするところ、みたいなものがいろいろあって変化になるし、食べてたらおいしいと感じるものです。

中島 僕もずっと思い込みで、ビニール袋に片栗粉を入れて、そのなかに肉を入れてカシャカシャと振って、満遍なく粉をつけて焼いていたら、ちょっとどろっとした感じになったり。

土井 どろっとした感じで、豚肉のおいしさ、肉感がなくなるんですよ。調理に人工が多すぎるんです。自然と人工のバランスがちょうどいいところをええ加減と言うのかもわかりませんね。

中島 なので土井先生の料理は、人間の近代の過剰を引き算していく哲学になっていく。

土井 私よりも、和食という誰もがもっているものが、強いんですよ。すでにもっている感受性があるのに、そっちのほうが強いのに、なんか今西洋的な思考が入ってきて、自分がなんかせなあかんと思ってつくろうとするから、料理が難しいということになってくるんじゃないですか。

自然と心がつながって料理をすると、めちゃめちゃ楽ちん

中島 先生のおっしゃることを料理で実践すると、料理が澄んでくるんですよね。シンプルにしてくるから。

土井 まったくそのとおりで、澄んでくるというのは、絶対に雑菌の数が少ないし傷みにくいんです。なにも手で触りたくない。手数を減らすことがすごく重要なんですね。日本画的ですよね。水墨画みたいな。筆を、事細かにではなく、シュッシュとやってしまう。その感覚で、おいしかったら分量どおりやらなくてええやないかと。おいしかったらいいんです。なんでみりんを入れるのかというと、おいしくないから入れるんです。というか、満足したいから入れるんです。でも、おいしいなと思ったら入れんでもええ。素材の力で、味付けを忘れたっておいしいのがあるんです。

中島 そこが、土井先生の料理がこれほど多くの人たちにとって、ある種の救いのようなものになっていることとつながっているような気がするんですね。土井先生は、澄んだ料理と心がつながっているとおっしゃるんですよね。

土井 自然と心がつながる、対話のような感触があります。

中島 これが重要なポイントだと思っていて。空海という人が言っていることなんですが、空海は六大という考え方を重視しました。万物は六つの要素によって成り立っていると。

これ、すごく
わかりますわ
空海は万物を
六つに分類しました
「六大」
地 水 火
風 空 識

地、水、火、風、空、そして識。これは心なんですよね。

土井　これ、すごくわかりますわ。

中島　やっぱりそうなんですよね。空海はすごく分析的で、かつ野生の思考をもった人で、万物を六つに分類してこれで世界が成り立っていると。非常に重要なのは、最後の識＝心なんですね。こういうものがすべて交わって、あらゆるものが成り立っている。人間も実はこの六つの要素で成り立っていると。たとえば、骨とか筋肉は地に当てはまるし、血液やさまざまな水分が私たちを維持している。さらに体温が火であったり、風は心臓の動きや呼吸そのものであると。空は肺や消化器の機能です。それでもうひとつは心と。

万物が、動物も植物も、大日如来という究極の超越的なものもすべてこれによって成り立っている。これを調和させることが大切だというのが、空海の森羅万象の思想だったんだと思います。それによって彼は、治水や土木や建築をやることを仏教思想のなかにもっていた。空海がとらえた六大を調和させることによって、治水ができたりする。その作用と、土井先生が料理をされている姿というのが重なるんですね。同じことをやってらっしゃるんじゃないかなと。

土井　こんなんおんなじ違いますけどね、なんやろ、自分の知識とかに頼らないで、そういうようなものの存在を感じながら料理をするというのは、めちゃめちゃ楽ちんなんですよ。ものすごく楽だし、おいしくできるかどうかはわからないんです。わからないことが前提だから、きれいな色に茹で上がったらうれしいし、おいしくできたということが、いちいちうれしくなるんです。だから自分がそれをどうかと探りながら、よく見てきれいなほうに、進んでいくわけですよね。

強火にすると水だって傷つく

土井　そしてそのときに火が強すぎたら、やっぱりご機嫌が悪くなります。しゃぶしゃぶの豚肉だって塊を茹でるときにもふわーっと、穏やかにしているとうまいことといくわけですよ。肉が気持ちよさそうやーって感じ。火が強かったら肉が火傷してびっくりして必ず縮んでしまう。

だから、貝のお汁でも、沸騰して貝がぽんと開いたらおしまいだと思うけど、貝だってええ気持ちやなと思ったら、ぽんとは開かないんですよ。ゆっくりじわりと開いてく

土井　肉が気持ちよさそうやー
って感じ

中島　ははははは！

土井　貝もええ気持ちやなと
ほわーんと開く

中島　ふふふふ
そうなんですね

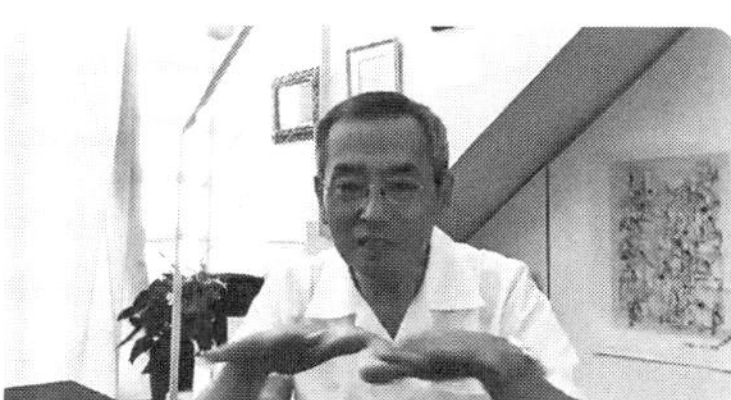

土井　味に傷みがないんです

る。すると、身がすごくおいしい。味に傷みがないんです。非常に穏やかな優しい世界がある。怒って料理をしているとなにか味が傷ついてくると思うんですけど、穏やかにつくったものは非常になめらかなものにできあがる。

中島 先生のひとつの哲学は、「味付けよりも火加減」ですよね。「見るからに気持ちよさそうな湯加減」などの表現がよく出てきて。うどんのつゆをつくるときに、あまり火を強くしてはいけないと。それは削り節を傷つけて火傷みたいにしてしまう。

土井 強火にすると水だって傷つくんですよ。だから薄手の鍋で茹でるよりも、厚手の鍋のほうが傷つかない。あまりにも近代的な火よりも、自然の火は柔らかいでしょ。薪で蒸したもち米はものすごくおいしいんですよ。火も薪や炭とガスや電気で違うように、沸かすお湯でも自然の熱源（薪や炭）で沸かしたら気持ちがよいというか、豊かな味わいになると思います。そういう違いがあるんですよ。こんな繊細な感じは、油脂を使った味の濃い世界にはないんです。

中島 火加減と心もつながっていて。先生は「いったん火を止めてもいいんです」とよくおっしゃっていて、料理は焦るとよろしくないと。僕たちはどっちかというと焦ってばかりいるんだと思うんですね。しかも、おいしいものをつくらんといかんと思いすぎて、料理をすることが辛くなってくる。でも土井先生は、むしろそこから解放されることによってこそ、料理の喜びが生まれてくると。

自然塩は味の幅が広い

土井　味付けは食べる人にぜんぶまかしといたらええ、くらいの感じでいいんですよ。それが、一〇〇パーセントぜんぶしないといけないようになっている。私の子どものころはカレーライスはまだ珍しくて、みんなどこに行ってもカレーライスを注文した。よそのおっちゃんも、カレーといったらウスターソースをジャーとかけるんですよ。それを真似していたら、父が「善晴、カレーをつくった人がいるんだから、味見してからかけなさい」と言った。それはもっともだと思うじゃないですか。それから味見してからソースをかけるようになるのです。しかし、その瞬間からですよ、日本中のお母さんが味に責任を持たされるようになる。味付けが大事だということになる。料理は味付け、おいしいまずいばかりが評価されるようになってきます。だからいまや子どもまでが評論家みたいに「お母さんちょっと濃いんじゃない？」とか言い出すわけです。お母さんはシェフじゃないのに、大変だと思います。

味付けは、水臭い味とかはまずいものの象徴のように言われることがあるけれども、水臭くていいんですよ。ヨーロッパでも、野菜の水臭い水煮のスープを、食べる人が自分でチーズをおろしたりオリーブオイルやバターを入れたりして、おばあちゃんも子どももひとつのスープでみんなが満足するようにする。自分で好きなようにして食べるというのがヨーロッパなんです。個人というものを大切にしますから。メニューはコース料理ではなくアラカルト。自分が食べるものは自分で選ぶ。そして自分でナイフとフォークで切って、調理に参加して自分で好きなサイズを食べる。味付けも、絡めて混ぜたり、自分でつくって食べているわけです。それはすべて調理に参加することになります。

中島　それおもしろいですね。土井先生は味付けの調味料もちゃんと選んだほうがよいとおっしゃいます。たとえば塩は、昔ながらの製法でつくった塩のほうが「幅が広い」と。この「味の幅」というのはどういうことでしょうか。

土井　確かに塩化ナトリウムで、ギリギリのところでピシャッとここに投げ込まないとだめだという世界があるんです。たとえば今でも、吸い物の出汁はぼやっとした味ではなくて出汁を強調するのなら、雑味のない塩化ナトリウムでピシっとやると、出汁の味が冴える、技術的に決まってくると思うんです。

だけど、今私は自然塩を使っています。フランスのゲランドの塩とか、沖縄の粟国《あぐに》の塩、イギリスの結晶状になっている塩（マルドン）とか、使い分けています。それぞれのよさがある。そうすると、塩化ナトリウムは六割ぐらいで、あとはマグネシウムとかカリウムとか、いろんなものが入っているわけです。ミネラルが豊富。それが今の自然塩です。自然塩の場合は、多くても少なくてもＯＫで、ストライクゾーンが広いんです。だから自然塩を摂っている分には塩分摂りすぎということはないんじゃないのと思ってます。梅干も、昔と同じ塩の割合を、昔は粗塩でやっていたものを、今は沖縄の塩で漬ける。そのぶん減塩になって、だけどおいしくなっているんです。そういう世界があるんですね。

天然の塩というのは、ストライクゾーンが広い、濃いめでも、薄めでもおいしいものです。それが自然の豊かさだと思います。昆布茶とおんなじように、お湯にちょっとゲランドの塩を入れた「塩湯」を飲んでみてください、夕方四時ごろかな、仕事にちょっと疲れたとき、いただくとほっとして疲れが取れますよ。

質疑応答

Q1 日本人がここまでレシピ至上主義になったことの背景には、どのようなものがあると思われますか？

土井 これは、栄養学校、女子栄養大学だと思いますね。そこで先生が計量スプーンをつくった。栄養素をきっちり計算するためには、きちっとした分量を出さないといけない。栄養という科学、栄養管理のために塩分を計算したり、数量化して糖分を計算したりということが、正確に計量する科学が、はじまりかもわかりません。

日本人ってそれまでレシピないんですよ。ないところにあとから入ってきたものなのですが、ところが、今は日本人のほうがレシピに執着しているんですね。ヨーロッパの人は誰もそんなことしてないんです。〇〇家のレシピブックのようなものはあるんですが、レシピよりも、つくる人の個性や自由な創造性を優先する。レシピには非常におおらかです。ヨーロッパの女性誌にはいろんな人のお料理が載っていますが、レシピを紹介するというよりも、誰がつくったか、誰がどんな器に盛ったか、どんな場面に、というクリエイションが大事なんです。きれいに整える雰囲気をすごく大事にする。

でも、日本は今までええ加減、アバウトで、作法やきちんと御膳を整えることを大切にしてきたのが、レシピが入ってきたらそれにとらわれてしまうようになった。それで、きれいに整えることを疎《おろそ》かにしている。だから今やっていることが、日本と西洋で逆さまになっているんじゃないかという気がします。

中島 哲学者の國分功一郎さんが、ヨーロッパでレシピができてきたのは、みんなが同じ料理にアクセスできる、料理の民主化みたいなものが背景にあったのではないかとおっしゃっていて。

土井 レシピも発明だったと思います。たとえば科学的な発見であるとか、発明であるとか、そういうものをずっと重ねてきて、みんなで共有する。独り占めしないで共有する、その代わりにその人をみんなが尊敬する。発明者はみんなを幸せにする人、マイケル・ジャクソンでもビヨンセでも、神から啓示を受けて、才能をもった人はみんなのためにそれを共有するんだ、みんなのためにそれがあるんだ、というふうに考える。成功者が多額の寄付をすることも同じような思考だと思います。

でも日本は、発明・発見という形で公《おおやけ》にしないで、ぜんぶ極意とか秘伝にしてしまうんです。西洋では、偉大なシェフが考えた料理というのは誰それが考えたもの。たとえばポール・ボキューズのレストランのメニューには、フェルナン・ポワン（ボキューズの師匠にあたるシェフ）のお料理ですと、その料理の創作者の名前をのせています。料理人同士にリスペクトやオマージュがあるんです。黙って勝手にまねることをレシピをパクるとか言いますけど、そんな恥ずかしいことをしない。だけど決して同じものをつくろうとするわけじゃない。その人なりに解釈しなおして、どういうような自分なりの考え方でこれをつくっているかということをちゃんと説明することが、相手に対する説得力になる。

これはアートでもそうだと思うけど、ミロに影響を受けていますと言ったほうが、アートの価値は上がるんです。そういうふうに、得体の知れないものを許せないというか、発明者を尊敬して、共有することとリスペクトはセットとしてあるんですね。そういう文化の基盤が日本社会のなかにないように思います。戦後、西洋的なものが日本人のなかに入ってきて、理論的なものと、精神的なものが一人の人間のなかにあって、カオス、ぐちゃぐちゃになっているような気がしますね。

中島　近代的な設計主義的な思想がレシピというものだと思うのですが、日本人がそのレシピに逆に飲み込まれていくというんですかね。そういうプロセスがあったんでしょうね。

Q2

安全安心な食材を取り扱う生協やインターネットショップ、その利用者が、最近の外出自粛のなかで増えてきていると聞きます。そうした動きは、食材を情報で買う傾向の高まりだと思いますが、食材に関しては、やはり自分の目で見て手で触って選ぶことに大きな意味があるように感じます。先生方はこうした食材購入におけるインターネット利用の増加についてどうお考えでしょうか？

土井 私も随分と失敗しているんですよ。ヤフオクでね（笑）。河井寛次郎とか、ほんまかいなと思うものが並んでいる。いいなぁと画面を見て思って、備前の器とかを買うことがあるんですよ。だけど、自分の目で見ていいと思うのと、そういう画像だけ見て買うのとは違う。

それと同じなんですよ。やっぱり生のものを本当に自分の目で見て、それは食感まで伝わってきますから、できたら触れたほうがいい。怒られることも多いですけど。自分の感覚を使うということがものすごく大事なんだと。当たり外れがあってもそれはみんな経験になります。

中島 私も生協や宅配を頼んだりしますが、それでも届いたものを触って冷蔵庫に入れるときにわかったりしますね。今日はいいものが来たなぁとか、そうでもないなぁとか。

土井 生産者の人の書き方とか、写真の写し方とかで、かなりわかりますよね。この人やったら、という。情報でもやはり直観でどう選ぶかということだから、通販がすべて悪いということではなくて。このあいだも、とてもいいりんごを送ってきてくださって。

中島 生産者と私たちが近いところにいる関係ですね。

土井 生産者とか、オークションに出される人とかでも、人というのがやっぱり関わってくるんです。表示とか画像はちょっとトリックできるけれども、隠しきれないですよね。

Q3

料理をしていて、ときどき迷うことがあります。水から茹でるもの、お湯から茹でるもの、切ってから茹でるもの、切らずに茹でるもの、蓋をして煮るもの、蓋をしないで煮るもの。それぞれの基準はありますか？

土井 もうね、こんなん、ぜんぶ正解ですよ。ぜんぶ正解だけども、基本的に覚えておくのは、根のものは水から茹でる。青いものは熱湯で茹でる。根のものはデンプン質なんです。れんこんだって、ものすごい粘りのあるデンプンがとれる。そういうものを熱いところに入れたら、デンプンがぜんぶ凝固して、火が通らないようになってしまうんです。

水から茹でると言ってても、なぜかを知っておくと自分で判断できる。小さく切ったときは熱が伝わりやすいから、湯に入れるとか。大きく切ったら時間を稼げるとか。煮汁がどれだけ煮詰まるんだとか。緑のものだったら、色を優先させるんだったら切ってから短時間で茹でる。そのかわり栄養価はなくなりますよ。でも、見た目を優先するとき、色が変わってもいいときがあります。味噌汁なんか、青いものもみんな水から茹でますよ。煮立ってから入れなくてもいい。なぜか？　量が少ないと短時間で火が通るから、最初（水）から入れても問題なしと、考えます。

プロの人は大きな鍋でつくるのですから。大量は合理化です。いっぺんに安く早くつくれる。たくさんのご飯を炊くのに、水から炊いていたら表面が緩んでしまうんです。そうすると、湯炊きといって、洗った米をお湯が煮立ったところに入れて炊きはじめます。そうして炊き時間を調整しているわけ。量に関係します。量は時間に関わります。家庭料理というのは少量だから、考えてみてください。考えたらわかりますよ。なにかわかると、考え方というのもわかる。

中島　根本的なところをなにかつかむといいかもしれませんね。

Q4

料理が苦手で、調味料を使う際の「いい加減」がつかめず、どうしても計量スプーンで分量をはからないと不安になってしまいます。いい加減をつかむためには、どうすればいいのでしょうか？

土井　「いい加減でもいい」というのがわかったらいいんですよ（笑）。いい加減になったらよろしいんです。冷奴があるとして、誰が醤油かけるのに分量はかりますの。ここに魚があって、もしこれに醤油をかけて食べるとすればこのくらいっていうのが、その魚に対する適切な醤油の分量です。だからそれが煮魚であっても同じ感覚にするんです。煮魚であっても、生のイワシであっても、ここに醤油をかけるとすればどのくらいかけるかを考える。

調味料を醤油さしから入れたのでは感覚がわからない。だからこれをいったんお玉に取ってみて、これに対してだいたいこれくらいかなと、いったん見ることが経験になりますから。経験は次に役に立つし。いい加減にやってみて、お醤油が大さじ一杯増えても少なくても、砂糖が大さじ一杯増えても減っても、ぜんぶ大丈夫ですから。ええ加減を許容してくれます。ちょっと味が濃くなったりするかもしれない。火を止めるのを早くすれば味は薄い。同じ量を入れても、火を止めるのが遅かったら味は濃くなります。だから、ぜんぶええ加減なんですよ、もとから。

Q5

三月から在宅勤務がつづいています。家族は夫と二人です。本当は旬とかをいろいろ感じながら食事をつくりたいのですが、ずっとクーラーの効いた家にいて、スーパーで買い物をしていると、季節を実感し、そして自分の感覚を養っていくことが難しい

ように感じていきます。自分の感覚を育てていくって、どうしたらよいのでしょうか？

土井　やはり夏の日差しが強くて暑くて嫌でも、外に出ないかぎり日陰の気持ちよさはわからないものです。だから、今グルメとか言って、あそこの甘味処の氷がおいしいぞとか言って、車で乗り付けて氷を食べてるけど、おいしないでしょ。やっぱり汗をかいてね、暑いわぁとか言いながら宇治金時食べるのがよろしいですね。

そういう環境というもののなかに自分がいてるって。そのなかに自分を生かすものがあるんですよ。均一な環境なんて自然界には絶対ないですから。断捨離してすっきりした場所は自然界にはないですよ。いろんなものがあってごちゃごちゃのなかで、嫌なものは見ない、嫌なものは聞こえないというふうに人間のほうがコントロールしていますので。スターバックスに行ったほうが勉強になったりするじゃないですか。本当に静かなところで勉強できなかったりする。それは人間がそもそも雑のなかに生き生きとしていられるものだから。

中島　私も、騒音がある程度あるところのほうが集中できるんですよね。おもしろいもんですね。

Q6　仕事をしていて、平日の夕方に料理をする気力が湧きません。どうしたらいいんでしょうか。下ごしらえをする元気もありません。

中島　これは、けっこう多くの方が感じることかもしれません。

土井　本当に元気がなかったらもう寝てください。今はどうかわかりませんが、私は子どものときにね、お腹が痛くなった、熱が出た、風邪ひいた言うたら、お医者さんにはなにも食べるなと言われて、なんにも食べさせてもらえへんかったんですよ。それが、だんだん薄いお粥《かゆ》が食べられるようになる。ちょっと経つと濃いお粥になって、おかずが、柔らかい卵とじみたいになって。最初は梅干しだけですわ。そろそろ元気になるかなというときに、うちではいつもカレイの煮付けとか、消化のよいものを食べる。

人間て、ものを食べて消化することにものすごいエネルギーを使うんです。だから、自分の痛みを治癒するんだったら、消化のほうにエネルギーがとられてしまうからあまり食べないでほどほどにする、という考えが昔はあったと思うけど。今は病気になったら、体にいいからこれ食べろあれ食べろと言ったりして、そのほうが間違いのように思えるんです。

中島　『土井善晴の素材のレシピ』という本の画期的なところは、つくる人のその日の体調や忙しさに合わせて何段階かに分けてレシピを掲載しているところです。忙しくてなにもつくれないというときは、でもちょっとこういうふうに味噌汁をつくってみたらどうですかとか、料理にもいくつか段階があるというんですかね。

土井 本当に元気がなくて、でもなにか食べとかんとあかんと思ったら、お湯に昔ながらのお味噌を溶いて飲むだけでもいいし。昔の人はお茶飲むでしょ、そのお茶に味噌を溶いて味噌茶を作る。味噌茶というのは気骨に効く、気骨というのはなんのこっちゃわかりませんけど、そう書いてあるんです。だんだんなんとなくわかってくるんだけど、そういうものに効くということで、私は味噌汁を飲んでいます。

中島 僕も先生にそう教えていただいてやってみたら、これは夏場にいいですね。

土井 けっこういいでしょ。熱中症を予防するのにもすごくいいと思う。

中島 一息入れて、ふーっと落ち着く感じが出てきて。

土井 だから、必ず食べないとだめだというのは必ずしも正解じゃないし、人間は食べないでけっこう大丈夫ですから、健康になると思いますよ。私もそれを今実体験している最中ですけども。ちょっとダイエットしようと思って（笑）。

中島 自分でなんでもかんでもやろうとしすぎてしまうんでしょうね。

土井 一食くらい抜くのは全然平気やし、自分の体調がよくなってくるのにも関わるんじゃないかと思う。具だくさんの味噌汁みたいなものを、自分の体調に合わせて、つくる気になる分だけやりはったら。でもね、けっこう味噌汁を飲んでいたら、たいていの人は元気になると思います。

料理するという行為に、人を想いやるということがすでにあるように思うんです。自分が食べるんなら、これでいいということでも、それが他の人、家族が食べるとなると、これではよくなくなる。手を使う仕事は心を使う仕事で、手は心とつながっていると思うのです。

中島 だから、責任感というか、なにかやらんといかんと思うところがあるんでしょうね。土井先生のレシピは、そこのいい塩梅《あんばい》のところですよね。それでも段階があるので、無理せんようにというのが、僕自身にとってもすごく解放感があった。味噌汁だけをつくればいいのかと。あとはちょっと一個は買ってきたものだけど、という。

土井 先生もきっと、仕事しているときには奥さんが晩ご飯をつくってくれていると思うんですけど、食事ですよと呼ばれたら、食事を食べるとあともう仕事できひんと思うときないですか。

中島 そうですね。けっこう体がだらけて、ビール一杯とか飲んでしまうと。

土井 なんか食事したら、その日が終わってしまうみたいなね。私なんかそういうときがあるんです。だから、食べなくってもいい。でも、なんかつくってくれてたら食べんとあかんみたいなせめぎ合いがあって。でも、そこをお互いに理解できると、けっこう楽になりますよ。つくるほうは、今ランニングして帰ってきたんじゃないかと思うくらいの料理を中島先生につくろうと思うんですよ。自分は運動もしていないし、でも、せっかくつくってくれたから、食べないとだめと思うこともありますよね。

中島 そうですね。料理っていうのは家族のことを想いながらつくるものでもあって。

土井 だからといって、想わんでもええというのは違うんやけども。そういう、いろんなときがあるということを知りながら、もうちょっと「想う」も深めていくと、いろんな「想う」があるのかもしれない。

中島 ほかにもいろいろと質問をいただいていましたが、時間になりましたのでここで終わりにしようと思います。

土井 さすがですわ、中島先生。

――見事な司会役を務めていただきました。

中島 アシスタントの役割をちゃんと果たせたのかどうか。

土井 これが、そのまま、ほんまの料理番組になったらおもしろいわ。

中島 うるさいアシスタントだと思われるかもしれないですけど。

土井 全然違う哲学的なことを話しだしたり、全然違う世界の情勢を話しだしたりするアシスタントがいたらおもしろいですね。

中島 そうですね。ぜひミシマ社で番組化しましょう。

――民主制の話まで出てくる料理番組（笑）。最高だと思います。最後の土井先生のお話を聞いて、力が湧き立ってきました。

中島 そうなんですよね。土井先生の料理って、解放感と力が湧いてくるということの両方があるんですよね。この力ってなんなんだろうなと。それはやはり、自然に謙虚にとか、そういうことで余計な力が抜けていくんですよね。

土井 私が料理のことを科学者・学者の方とお話するというのは、料理に興味をもってくれているということがうれしいんですよ。そして、なにかわからないけども、先生ぜひ、料理のことを考えてほしいんです。なかまで、もっとこれをちゃんと科学的に捉えて、みんながわかるように、周知できるようにしてもらえたらと思っています。

中島 ありがとうございます。力不足ですが、みんなと協力して。先生もいろいろと力を貸してください。

科学者・学者の方が料理を考えてくれるのが
うれしいんです

土井先生の料理は
解放感と力が湧いてくる

おわりに

私が初めて中島岳志先生を見たのは、中島先生のオンライン講座「利他的であるということ」でした。東京工業大学・未来の人類研究センターの「利他プロジェクト」のメンバーである伊藤先生にはお目にかかったことがありませんが、先日たまたま、タイトルに惹かれて読んだ『手の倫理』（講談社選書メチエ）を書かれた伊藤亜紗さんが、伊藤先生であることを読み終えてから知りました。タイトルに反応したんです。講座を見たときも「利他」って言葉に反応したのでしょうね。今思っても、なぜ、そのオンライン講座を見たのか不思議なのです。オンライン講座を最後まで聞くなんて普通私にはないんです。そういえば、質疑タイムにご質問をくださった哲学者の國分功一郎先生にも……氏の本を読んでなにかを思って……『一汁一菜でよいという提案』が出版された二〇一六年に編集担当者にお願いして、手紙を添えてお送りして返信のお手紙もいただいていたのです。そのみなさんが、「利他プロジェクト」にいらっしゃるのですから、きっとなにかあるんだと私は考えるのです。

中島先生は私が好きな落語家の立川談志師匠の「文七元結《ぶんしちもっとい》」を深く掘り下げてお話しされていました。そのとき、内容以前に「話ぶり」でこの人は、なにが大丈夫なのかわかりませんが、「大丈夫」だと思ったのです。こういう先生とお話しできればいいなあと思っていたのです。しばらくしてから、なにかの勢いでTwitterの中島先生のアカウントにDMを送って、一言二言やりとりさせていただいたのです。そしたら、ミシマ社の三島邦弘さんから、対談しませんかって、お話をいただいたんです。ミシマ社さんの評判は以前から知っていたし、私のお茶の師匠であった千宗屋《せんそうおく》さんと同級生ということも聞いていて、ふうんと思っていたのです。だいたい私の仕事は、こんなふうに流れるんです。流れを信じているんです。和食も実は流れなんです。で、中島先生は、なんと「一汁一菜のコスモロジー——土井善晴論」（『コロナ後の世界』筑摩書房所収）という論文を書いてくださったんです。これはうれしかったなあ。和食の流れには秩序があるから、コスモロジーなんです。

料理で難しいことを言うつもりはないんですけど、料理はあまりにも身近なことで、それで料理はそもそも女性の問題なんですね。女性の問題って言えば、今は怒られますが、田中優子さんの『苦海・浄土・日本 石牟礼道子 もだえ神の精神』（集英社新書）という本を読んで知ったんですが、「女性の歴史」を学術的に著した高群逸枝《たかむれいつえ》によると、日本は意外と最近まで母性、母系社会なんです。女性は命との距離が近いって言われますけど、どうしたって地球とつながっているんです。だからきれいなものが好きでしょう。男性は社会に出たとたんに、地球のことなんて、どっかに捨ててしまうか、忘れてしまうんです。いや、今の若い人は違う人が増えてきたんで、いいなと思っています。高群も言ってますが、それまでも、たぶんそれ以後も、女性の歴史を研究する男性研究者はほとんどいないそうです。私の思う「料理」を学術的に研究した人、研究している人は世界中を探しても、たぶんだれもいないんです。料理研究は女性の歴史研究と重なるんですね。あっ、女性のハンナ・アーレントはそのことをわかっていたと思います。料理とは、岡潔が言うように、人間の情緒を取り込まないことには、数学では表せないからです。あの美食の国のart de vie（人生の喜び）は文学です。料理を化学にすると、人間とは関係なくなってしまう性質があるんです。だから料理は人間の問題なんです。

ですから、料理に、中島岳志先生のような男性政治学者が関わるのは、これが初めてのことだと思うのです。それって、なかなかすごいことですよ、なんて言ってしまう科学者や研究者はいないんですけど、私は言うんです。なぜかって、平易に考えたいからです。普通の庶民の幸福かな、自立かな、なんでしょう、未来の問題だからです。コロナ後でなくても、とにかく、お料理には庶民の大事な未来があるんです。ですから、この本で話されていることは、英訳すれば、けっこういけると思うんです。自然と直結する和食には、普遍性があるからです。今、世界中の人が必要としているのが、和食の倫理、和食の感受性ではないかと思うのです。

中島先生は「おいしいものをつくらんといかんと思いすぎて、料理をすることが辛くなってくる。……むしろそこから解放されることによってこそ、料理の喜びが生まれてくる」（一四二―三頁）といったさりげない言葉のなかに、とても大切なことに気づかれる方だというこ とがわかります。お料理という当たり前の毎日のことに、大切なことがあると、本気で気づいてくれた中島岳志先生に、お礼を申しあげたいと思います。この本は、私の思うお料理が初めて学問として認めていただいた証《あかし》なのです。すごいことです。また、そのチャンスをかたちにしてくれた三島さんもすごいですね。少しでも、未来によき流れが生まれることを願います。いや、料理でしょ。それも家庭料理。そんな大袈裟《おおげさ》なこと……なんですけど、わりと本気で思っています。

「草木の正しさを信じて」

二〇二〇年十一月十一日　土井善晴

土井善晴　どい・よしはる

料理研究家。
1957年、大阪生まれ。
フランス料理や日本料理を学んだ後、
土井勝料理学校講師を経て、
1992年に「おいしいもの研究所」を設立。
十文字学園女子大学招聘教授、
東京大学先端科学研究センター客員研究員。
NHK「きょうの料理」、
テレビ朝日「おかずのクッキング」
の講師を各30年務めている。
著書に『一汁一菜でよいという提案』『おいしいもののまわり』
『土井善晴の素材のレシピ』などがある。

中島岳志　なかじま・たけし

1975年大阪生まれ。
大阪外国語大学卒業。京都大学大学院博士課程修了。
北海道大学大学院准教授を経て、
東京工業大学リベラルアーツ研究教育院教授。
専攻は南アジア地域研究、近代日本政治思想。
2005年、『中村屋のボース』で大佛次郎論壇賞、
アジア・太平洋賞大賞受賞。
著書に『パール判事』『朝日平吾の鬱屈』『保守のヒント』
『秋葉原事件』『「リベラル保守」宣言』『血盟団事件』
『岩波茂雄』『アジア主義』『下中彌三郎』『保守と立憲』
『親鸞と日本主義』『保守と大東亜戦争』『思いがけず利他』、
共著に『現代の超克』などがある。

料理と利他

2020年12月15日　初版第1刷発行
2021年11月24日　初版第7刷発行

著　　者　土井善晴・中島岳志

発 行 者　三島邦弘
発 行 所　(株)ミシマ社
〒152-0035　東京都目黒区自由が丘2-6-13
電話　03(3724)5616／FAX　03(3724)5618
e-mail　hatena@mishimasha.com
URL　http://www.mishimasha.com/
振替　00160-1-372976

装　　丁　寄藤文平・古屋郁美(文平銀座)

印刷・製本　(株)シナノ
組　　版　(有)エヴリ・シンク

ISBN　978-4-909394-45-3

思いがけず利他

中島岳志

It' s automatic!?
誰かのためになる瞬間は、
いつも偶然に、未来からやってくる。

東京工業大学で「利他プロジェクト」を
立ち上げた筆者、待望の単著！
「他者と共にあること」を問う
すべての人へ。

ISBN　978-4-909394-59-0　1600円

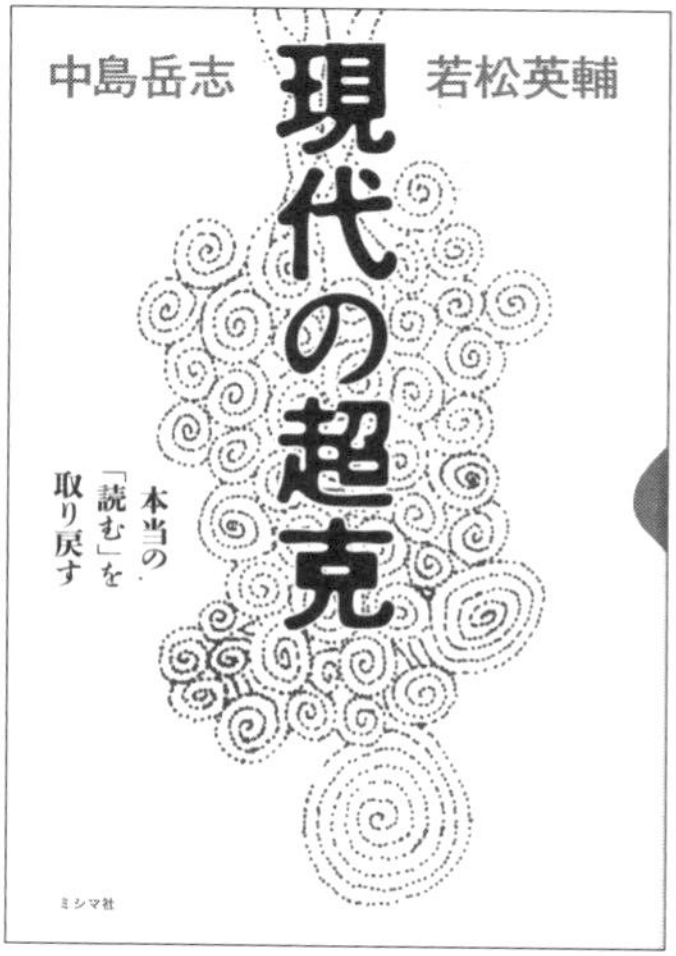

現代の超克
本当の「読む」を取り戻す

中島岳志・若松英輔

柳宗悦、ガンディー、小林秀雄、
福田恆存、『近代の超克』…
今こそ、名著の声を聴け！

現代日本の混迷を救うため、
気鋭の政治哲学者、
批評家の二人が挑んだ、
全身全霊の対話。

ISBN　978-4-903908-54-0　1800円

奇跡の本屋をつくりたい
くすみ書房のオヤジが残したもの

久住邦晴(くすみ書房・店主)
解説:中島岳志

「なぜだ!?売れない文庫フェア」など
ユニークな企画を次々と生み出し、
たくさんの人に愛された札幌・
くすみ書房の店主。
閉店後、2017年に病で亡くなった
著者の遺稿を完全収録。

ISBN 978-4-909394-12-5 1500円

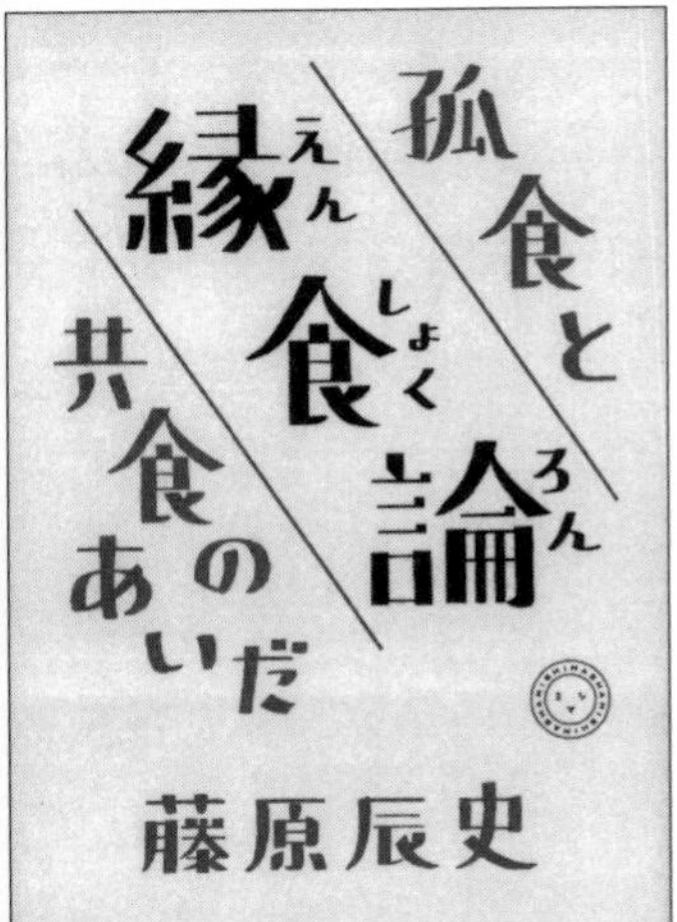

縁食論
孤食と共食のあいだ

藤原辰史

子ども食堂、炊き出し、
町の食堂、居酒屋、縁側…
ひとりぼっちで食べる「孤食」とも、
強いつながりを強制されて食べる
「共食」とも異なる、
「あたらしい食のかたち」を、
歴史学の立場から探り、描く。

ISBN 978-4-909394-43-9 1700円